ALEXANDER KERN

# PAUL McCARTNEY

## – KLEINE ANEKDOTEN AUS DEM LEBEN EINER MUSIKLEGENDE –

riva

**Bibliografische Information der Deutschen Nationalbibliothek**
Die Deutsche Nationalbibliothek verzeichnet diese Publikation in der Deutschen Nationalbibliografie. Detaillierte bibliografische Daten sind im Internet über http://dnb.d-nb.de abrufbar.

**Für Fragen und Anregungen**
info@rivaverlag.de

**Wichtiger Hinweis**
Ausschließlich zum Zweck der besseren Lesbarkeit wurde auf eine genderspezifische Schreibweise sowie eine Mehrfachbezeichnung verzichtet. Alle personenbezogenen Bezeichnungen sind somit geschlechtsneutral zu verstehen.

Originalausgabe
1. Auflage 2022

Türkenstraße 89
80799 München
Tel.: 089 651285-0
Fax: 089 652096



Redaktion: Selina Hartmann
Umschlaggestaltung: Catharina Aydemir
Umschlagabbildung: picture alliance/AP Photo/Jacques Boissinot
Layout und Satz: abavo GmbH, Buchloe
Druck: Graspo CZ, Tschechische Republik
Printed in the EU

ISBN Print 978-3-7423-2131-2
ISBN E-Book (PDF) 978-3-7453-1904-0
ISBN E-Book (EPUB, Mobi) 978-3-7453-1905-7

Wir produzieren nachhaltig
www.m-vg.de

Weitere Informationen zum Verlag finden Sie unter
**www.rivaverlag.de**
Beachten Sie auch unsere weiteren Verlage unter www.m-vg.de

# Inhalt


Einleitung ........................................ 5

»Mother Mary comes to me« ........................ 7

»Waited for the bliss, like dreamers do« ............ 11

»I lost my little girl« ............................. 13

Der Berg kommt zum Propheten .................. 15

»The Ballad of John and Paul« ..................... 18

Preludin und Piedel ................................ 22

»Hello, Goodbye« .................................. 27

»Oh, my baby, how I love your legs« ............... 30

Im Auftrag Ihrer Majestät Queen Babe ............. 34

Größer als Elvis .................................... 38

Kräuterzigaretten in der Echokammer .............. 41

»Lucy in the Sky with Diamonds« .................. 47

Die ersten Stadionrocker der Geschichte ........... 52

Audienz beim King ................................. 54

Tragischer Sommer der Liebe ...................... 56

Spirituelles, Jenseitiges und Endgültiges ............ 60

Band on the run ................................ 66

»Ich bin's bloß« ................................ 70

»That's Business, Paul!« ......................... 74

Weite Prärie .................................... 78

Erfolgreicher als die Beatles ...................... 81

Im Rockdown .................................... 85

Quellen ......................................... 89

# Einleitung

»Lennon/McCartney«. Eine Trademark, ein Gütesiegel – zwei Namen, von denen eben nur einer an erster Stelle stehen kann. Und dass es nicht sein eigener ist, das sei für ihn absolut in Ordnung, sagt Paul McCartney. Er und John Lennon waren noch Teenager, als sie beschlossen, Songs, die sie im Laufe ihrer kreativen Partnerschaft veröffentlichen würden, mit der Autorenangabe »Lennon/McCartney« zu versehen. Dabei spielte keine Rolle, wer welchen Anteil an Komposition und Text hatte. Oft kam einer von ihnen mit einem fast fertigen Lied zum anderen, um dann nur noch ein paar kleine Vorschläge einzuarbeiten.

Es ist unmöglich, eine Diskussion darüber zu Ende zu führen, wer von den beiden der »wichtigere« Beatle gewesen ist. Und das liegt daran, dass es unmöglich ist, über die Beatles zu diskutieren, ohne anzuerkennen, dass diese Band ihre ganz eigene, magische Energie im Wesentlichen aus dem Spannungsfeld zieht, das zwischen John und Paul besteht. Unbestritten aber war Paul von Anfang an der Musikalischere von beiden. Wie sehr sein Sinn für Melodie und Dramaturgie an seinen Helden wie Little Richard und Elvis geschult ist, aber eben auch an den Größen des American Songbooks und an klassischer Musik, ist unüberhörbar.

Das Ende der Beatles ist mehr als 50 Jahre her. Eine vergleichbare Partnerschaft hat die Welt der Populärmusik seither nicht wieder erlebt. Aber auch danach hat McCartney als Solokünstler und mit seiner Band Wings ein Werk vorgelegt, das seinesgleichen sucht. Einzig »der andere Paul«, Paul Simon, nämlich, ließe sich als Vergleichsgröße heranziehen.

Paul McCartney selbst neigt dazu, sein Leben in Anekdoten zu erzählen – hingebungsvoll, detailreich und mitreißend. Gerade in den vergangenen Jahren scheint es ein stark wachsendes Interesse daran zu geben, diese kleinen, aber oft spektakulären Geschichten immer wieder zu hören. Insbesondere natürlich diejenigen aus der Zeit der Beatles. Naheliegend ist dieser anekdotische Ansatz bei ihm allein deshalb schon, weil ein Leben wie seines sich anders kaum erzählen lässt.

Mit 80 Jahren blickt McCartney auf eine mehr als 60-jährige Karriere zurück. Er hat einen musikalischen Stellenwert, den nicht wenige mit dem eines Mozart oder Beethoven vergleichen. Er ist niemals müde geworden, sich zu erneuern, ohne dabei jedoch – und gerade das ist ja die Kunst – jemals irgendwelchen Trends nachzueifern. Er hat Rekorde gebrochen, die er selbst aufgestellt hat, hat mit den Großen seiner Zeit zusammengearbeitet und sich dabei nie um Genre-Grenzen geschert. Unerreicht sind die Schönheit, die auch noch die schwermütigsten seiner Lieder durchzieht, und die Leichtigkeit, mit der er auch aus komplexen Kompositionen einen radiotauglichen Ohrwurm herausholt.

Wie jedoch erschließt man sich ein Werk, das so umfangreich und vielseitig ist, wie das von Sir Paul McCartney? Selbstverständlich ist man am besten beraten, wenn man auch hier auf den Meister selbst hört und mit dem ganz Wesentlichen beginnt: »Remember to let him into your heart, then you can start to make it better, better, better, better …«

## »Mother Mary comes to me«

Am Anfang ist erstmal Stille. Der Junge, den die 32-jährige Mary Patricia Mohin McCartney am 18. Juni 1942 in einem Liverpooler Krankenhaus zur Welt bringt, atmet nicht. Grund dafür ist vermutlich eine Sauerstoffunterversorgung während der Geburt. Damals liegt die Säuglingssterblichkeit um ein Vielfaches höher als heute, und so verwundert es kaum, dass die Geburtshelferin der Klinik dem Unglück nüchtern ins Auge sieht. Sie will das Kind bereits für tot erklären. Die Hebamme jedoch, eine gute Bekannte von Mary, schickt ein Stoßgebet gen Himmel. Kurz darauf beginnt der Junge doch noch zu atmen. Sein Vater, der schon fast 40-jährige James »Jim« McCartney, ist nicht anwesend. Als Mitglied der Freiwilligen Feuerwehr seiner Heimatstadt ist er in Kriegszeiten ständig im Einsatz, wenn ihm auch aufgrund seines Alters und eines gerissenen Trommelfells eine Dienstpflicht in den britischen Streitkräften erspart geblieben ist.

Die Ehe von Mary und Jim ist an diesem Junitag gerade erst 14 Monate alt. Kennengelernt hatten sie sich nicht lang vor der Hochzeit, als keiner von beiden noch wirklich damit rechnete, sein Glück zu finden. Jim hatte sich ein Leben als scheinbar zufriedener Junggeselle eingerichtet – regelmäßig umsorgt von seinen Schwestern –, während Mary den Gepflogenheiten ihrer

Zeit nach schon fast als »alte Jungfer« galt. Als staatlich anerkannte Krankenschwester hatte sie bereits seit ihrem 24. Lebensjahr in leitender Position gearbeitet, wodurch sie finanziell unabhängig war.

Ihrem Erstgeborenen geben die beiden den Namen James Paul McCartney – James, weil schon Vater und Urgroßvater so hießen, Paul in Anlehnung an den biblischen Paulus. Dabei spielt Religion im Hause der jungen Familie nicht wirklich eine Rolle. Mutter Mary ist Katholikin, Vater Jim ein Protestant. Da beide aus Familien irischer Abstammung kommen, wäre die Ehe schon allein wegen der unterschiedlichen Religionszugehörigkeiten skandalträchtig gewesen. Aber Mary hat im Alter von zehn Jahren ihre Mutter verloren, zum Vater und den Geschwistern hat sie keinen Kontakt mehr; Jim misst seiner Konfession keine Bedeutung bei und bezeichnet sich als Agnostiker.

Es ist nicht leicht, in Liverpool, »einer Stadt mit 20000 ausgebombten Haushalten«, eine Bleibe zu finden. Viermal schon hatte die junge Familie umziehen müssen, als Mary im Januar 1944 ihren zweiten Sohn, Peter Michael, genannt Mike, zur Welt bringt. Die Lage bleibt auch nach Kriegsende angespannt. Zwar kann Jim nun wieder seinen alten Job im Baumwollhandel aufnehmen, allerdings verdient er dort so wenig, dass auch Mary bald wieder zu arbeiten beginnt. Als Krankenschwester macht sie nun Hausbesuche im Auftrag der Behörden und arbeitet dann ab 1947 als Hebamme. Immerhin erhalten die McCartneys dadurch eine Sozialwohnung. Und auch sonst genießt Mary als Hebamme eine soziale Stellung, die die Familie von den anderen Bewohnern der Nachbarschaft abhebt.

Paul und Mike wachsen also trotz aller Widrigkeiten wohlbehütet auf. Mit dem pflegerischen und organisatorischen Talent, über das Mary als ehemalige Stationsschwester verfügt, umsorgt sie auch ihre Familie. Jim erweist sich seinerseits als pflichtbewusster und liebevoller Vater. Der nach außen hin eher dröge wirkende Kaufmann verfügt über jede Menge Humor; er ist sprachverliebt und musikalisch. Am heimischen Klavier, das zu spielen er sich selbst beigebracht hat, hört man ihn frühe Klassiker des *American Songbook* spielen: Kompositionen von George Gershwin sind die ersten Songs, an denen der kleine Paul sein musikalisches Gehör schult.

## »Waited for the bliss, like dreamers do«

Zwar haben die Jungen keine Großeltern mehr, doch durch die sechs Geschwister von Vater Jim gibt es eine große Familie, deren regelmäßige Zusammenkünfte von einer heiteren, kreativen Stimmung getragen sind. Der Familienzusammenhalt überrascht nicht: Jim und seine Geschwister wuchsen in so großer Armut auf, dass es für die Kinder nur zwei Paar Schuhe gab. Eines teilten sich die Mädchen, das andere die Jungs. Da die Schulklasse ohne Schuhe nicht betreten werden durfte, gingen jeden Tag nur zwei der sieben Kinder zur Schule, um das Gelernte am Nachmittag an die Geschwister weiterzugeben.

Paul ist eines jener Kinder, das die Herzen der Erwachsenen mühelos für sich einzunehmen weiß. Mit seinem zarten Gesicht und den großen dunklen Augen hat er etwas bezaubernd Lausbubenhaftes. Er drückt sich gewählt aus – worauf beide Eltern großen Wert legen – und hebt sich von seinen Altersgenossen zudem durch formvollendete Höflichkeit ab. In der Schule ist er bei den Mitschülern und den Lehrern gleichermaßen beliebt, auch wenn Letztere immer wieder bedauernd feststellen, dass seine Leistungen unter seinen Möglichkeiten bleiben. Dabei ist Paul durchaus ein guter Schüler, nur verlässt er sich eben auf das, was ihm ohnehin zufliegt. Mit »mehr Sorgfalt und Einsatz [könne er] leicht Klassenbester werden«, heißt es in einem seiner Zeugnisse. Vielleicht will er das auch einfach gar nicht. In einem Interview mit *GQ* zumindest erzählt er 2018, er habe damals davon geträumt, Lkw-Fahrer zu werden, tagelang *on the road*, »voller Vertrauen in Gott und die Welt«. Dabei spielt Religion im Hause McCartney trotz zweier Konfessionen nach wie vor keine Rolle.

Selbst im Musikunterricht entspricht Pauls Leistung nicht seinem offensichtlichen Talent, das sich schon in jungen Jahren zeigt. Seine hohe, klare Stimme setzt er mit großer Tonsicherheit ein, und das schon im Alter von sechs Jahren. Den Gesang, der aus dem Radiogerät der Eltern tönt, unterlegt er intuitiv mit einer Harmoniestimme. Der Aufnahme in einen prestigeträchtigen Chor entgeht er jedoch, indem er beim Vorsingen absichtlich einen hohen Ton versemmelt. Warum er das macht, ist nicht bekannt. Allerdings wird er bald darauf doch noch Mitglied eines Kirchenchores und freut sich, wenn er sich auf Hochzeiten oder Beerdigungen ein paar Pence dazuverdienen kann.

Vater Jim, der als junger Mann selbst Trompete in einer Jazzband gespielt hat, würde sich selbst nicht als echten Musiker bezeichnen, weil er am Klavier »nur« ein Autodidakt ist. Paul, so wünscht er sich, solle das Instrument richtig spielen lernen – aber den Privatunterricht bei einer alten Dame besucht der Junge nur wenige Male, bevor er verkündet, dort nicht mehr hinzuwollen. Am Ende ist es daher doch Jim, der den Jungen an den Tasten unterrichtet. Zum 13. Geburtstag bekommt er außerdem eine Trompete geschenkt – ganz offenbar ist es Jim ein großes Bedürfnis, seine Liebe zur Musik an den begabten Sohn weiterzugeben.

## »I lost my little girl«

Paul ist vierzehn, Mike zwölf Jahre alt, als die Familie unerwartet von einer Tragödie heimgesucht wird: Im Sommer 1956 bemerkt Mary häufiger Schmerzen im Brustbereich. Der Beruf und die Familie nehmen sie ganz in Anspruch, gerade erst sind die McCartneys in ein kleines Haus in der Forthlin Road 20 gezogen, sie leben quasi noch auf einer Baustelle. Daher schiebt Mary einen Arztbesuch immer wieder auf. Sie legt sich verschiedene Erklärungen für die Schmerzen zurecht, aber als ausgebildete Krankenschwester ahnt sie längst, dass etwas ganz und gar nicht in Ordnung ist. Als sie sich im Herbst endlich doch untersuchen lässt, ist es längst zu spät. Die Diagnose lautet Brustkrebs, der Arzt ordnet gleich für den nächsten Morgen eine Amputation an. Einmal noch kehrt Mary zurück ins neue Zuhause. Sie putzt alle Zimmer, macht die Wäsche und bügelt sämtliche Hemden von Jim und den Söhnen. Sie weiß bereits, dass sie womöglich nicht mehr zurückkommen wird.

Im Operationssaal stellt man dann fest, dass der Krebs schon viel zu weit gestreut hat, als dass noch Hoffnung auf Heilung bestünde. Die Operation wird abgebrochen, ihre letzten Tage verbringt Mary im Krankenhaus. Was genau mit ihrer Mutter los ist, müssen Paul und Mike sich selbst zusammenreimen – aber wie schlecht es um sie steht, ist nicht zu übersehen. Am 31. Oktober 1956 stirbt Mary McCartney im Alter von nur 47 Jahren.

Mit 55 Jahren ist Jim nun Witwer und alleinerziehender Vater. Zum ersten Mal erleben Paul und Mike, dass ihr Vater unfähig ist, seine

Gefühle zu verbergen. Der Anblick des verzweifelten, immer wieder weinenden Vaters macht Paul hilflos; gleichzeitig bestärkt es ihn in der Überzeugung, sich die eigene Trauer nicht anmerken lassen zu dürfen. Ob das die gesündere Herangehensweise ist, sei dahingestellt. Aber anscheinend hilft es Jim, dass seine Söhne so gefasst sind. Nach kurzer, heftiger Trauer fängt er sich wieder, und es gelingt ihm, sich den neuen Herausforderungen zu stellen. Ohne Marys Gehalt ist an eine Haushälterin nicht zu denken; zwei seiner Schwestern schauen immer dienstags vorbei und unterstützen die Familie, indem sie beim Putzen und Waschen helfen und den Jungs ein Mittagessen kochen. Aber auch Jim, Paul und Mike lernen allmählich, die Aufgaben zu übernehmen, die Mary all die Jahre im Alleingang gestemmt hat.

## Der Berg kommt zum Propheten

Das Jahr, in dem Paul seine Mutter verliert, ist auch das Jahr, in dem der Rock 'n' Roll von Amerika aus die westliche Welt erobert. »Er ist perfekt«, sei ihm durch den Kopf geschossen, als er das erste Mal ein Foto des nicht mal acht

Jahre älteren Elvis Presley gesehen habe – so erinnerte Paul sich Jahre später. Seine Songs klingen nach Aufbruch, und darin liegt vielleicht auch ein gewisser Trost für Paul, als dieser sich nach dem Tod der Mutter neu orientieren muss. Ein anderer früher Held ist für ihn Little Richard. Dessen Ausflug in den Rock 'n' Roll dauert gerade einmal zwei Jahre, aber seine so genialen wie hemmungslos überdrehten Darbietungen sind eine Offenbarung für Paul. Nicht zum ersten Mal fällt dank der beiden Idole auf, was für ein Talent der Junge im Nachahmen besitzt: Das schrille Kreischen von Little Richard kann er ebenso treffsicher imitieren, wie den schluchzenden, schmelzenden Bariton von Elvis.

Natürlich möchte Paul sich auch selbst an dieser Art von Musik versuchen. Mit seiner Trompete, so viel ist klar, wird er da nicht weit kommen. Er bittet seinen Vater um Erlaubnis, diese gegen eine Gitarre eintauschen zu dürfen, und bald darauf lässt er sich von einem Freund die ersten Akkorde beibringen. Da Paul Linkshänder ist, geht er dazu über, die Saiten in umgekehrter Reihenfolge aufzuspannen. So kann er mit der rechten Hand den Gitarrenhals halten, während er mit der linken Hand anschlägt. Über neue Musik und das Gitarrenspielen tauscht er sich damals fast täglich mit einem befreundeten Jungen aus, wenn sie gemeinsam den Bus von der Schule nach Hause nehmen. George Harrison heißt er, und weil er ein Jahr jünger ist, behandelt Paul ihn etwas von oben herab. Dass George schon länger Gitarre spielt als er selbst, übersieht er dabei geflissentlich.

Mehr noch als die Plattenaufnahmen seiner Idole schafft es seine Gitarre, ihn durch die Zeit der Trauer zu bringen. Jede freie Minute verbringt Paul damit, wie besessen zu üben. Sein unfehlbares musikalisches Gehör lässt ihn rasch große Fortschritte machen; schon bald spielt und singt er gleichzeitig. Dabei entdeckt er – jenseits von Kirchenchor und Imitationen –, wie tragfähig und vielseitig seine Stimme ist. Nach kurzer Zeit hat er einen ersten eigenen Song geschrieben, Musik und Text. »I Lost My Little Girl« heißt das Stück, und der schlichte Text klingt ganz nach gescheiterter Teenager-Romanze. Erst 65 Jahre später äußert Paul selbst die naheliegende Vermutung, dass es sich dabei wohl eher um den unterbewussten Versuch handelte, den Tod seiner Mutter zu verarbeiten.

# »The Ballad of John and Paul«

Rock 'n' Roll und Skiffle – eine rhythmusgetriebene Fusion verschiedener afroamerikanischer Musikstile, zu deren typischen Instrumenten der Teekistenbass gehört – haben 1957 auch die Jugend Liverpools in ihren Bann geschlagen. Unzählige Teenager gründen nun eigene Bands und eifern ihren berühmten Idolen nach. Eine dieser Kombos nennt sich The Quarrymen. (Der Name wird gewählt, weil alle Gründungsmitglieder Schüler der Quarry Bank High School sind.) Ivan und Len, beides Freunde von Paul, wechseln sich hier am Teekistenbass ab. Sänger der Band ist ein gewisser John Lennon – Freund, Nachbar und Mitschüler von Ivan.

John ist ein typischer Teddy Boy: Die Teddys sind Anhänger einer weitgehend auf England beschränkten Jugendkultur, deren Stil sich an den der Dandys des Jahrhundertbeginns anlehnt. Sie stehen nicht für eine bestimmte politische Überzeugung, verkörpern aber mit ihrem oft aggressiven Auftreten zweifellos eine jugendliche Protestkultur. John ist einer von diesen Jungs, die Paul zwar vom Sehen her kennt, bei denen er aber lieber jeden Blickkontakt meidet, wenn sie in den Bus steigen, »aus Angst, eine reingehauen zu bekommen«, wie er später mal gesagt haben soll. Nun aber regt Ivan an, die beiden miteinander bekannt zu machen – jemand mit Pauls Begabung wäre schließlich eine großartige Ergänzung für die Besetzung der Quarrymen.

Am 6. Juli 1957 werden der gerade 15-jährige Paul und John, der in drei Monaten 17 wird, einander vorgestellt. John und seine Band spielen auf dem Sommerfest der St. Peter's Church (auf deren Kirchhof auch der Grabstein einer gewissen Eleanor Rigby steht). Der Altersunterschied zwischen Paul und John ist aus beider Sicht natürlich enorm. Aber Paul beweist Mut: Im Gemeindesaal der Kirche, wo die Band auf den nächsten Auftritt wartet, schnappt er sich eine der Gitarren und performt aus dem Stegreif einen aktuellen Rock-'n'-Roll-Hit, mit dem er sein ganzes Können unter Beweis stellt, stimmlich wie instrumental. John selbst nutzt nur vier Saiten seiner Gitarre, und leicht fällt es ihm trotzdem nicht, die Akkorde zu greifen. Als Paul im Anschluss einen Jerry-Lewis-Song in das Kirchenklavier hämmert, kann John aber spontan einsteigen. Er stellt sich zu Paul und spielt die obere Oktave.

John ist tief beeindruckt von Pauls Talent, bleibt aber natürlich bemüht, sich das nicht anmerken zu lassen. Klar ist, dass Paul eine musikalische Bereicherung für die Band wäre. John könnte zweifellos jede Menge von ihm lernen; gleichzeitig fürchtet er auch um seine Stellung als Anführer der Kombo. Letztlich entscheidet John sich im Sinne der Band. Jahre später erklärt er seinen Entscheidungsprozess weiterführend: »Außerdem sah [Paul] aus wie Elvis. Er gefiel mir.«

Am Tag ihres Kennenlernens bekommt Paul noch einen Eindruck davon vermittelt, was es bedeutet, mit John Lennon befreundet zu sein: Schon am Klavier war ihm dessen Bierfahne aufgefallen, wenig später schwindeln beide in einem Pub, sie seien alt genug, um Bier zu bestellen. Aber es sollen noch drei Monate vergehen, bevor er gefragt wird, ob er bei den Quarrymen mitwirken will. Sein erster Auftritt mit der Band findet am 18. Oktober 1957 statt.

Neben den Proben und Auftritten ist auch der bandeigene Masturbationszirkel ein gelegentlicher Zeitvertreib für John, Paul und die anderen. Im Halbdunkel eines Zimmers besorgt es sich dabei jeder von ihnen selbst; abwechselnd liefern sie einander Inspiration, indem sie die

Namen der schönsten Leinwandikonen flüstern. Brigitte Bardot und Gina Lollobrigida liegen hoch im Kurs. Wenn das Keuchen der anderen ahnen lässt, dass der Spaß seinem Ende entgegengeht, zieht John gerne abrupt den Stecker, »indem er laut ›Winston Churchill‹« ruft.

Nachdem er in der Band Fuß gefasst hat, arbeitet Paul mit Nachdruck daran, seinen jungen Freund George ebenfalls an Bord holen zu dürfen. Ohne jemals zu offensiv vorzugehen, bearbeitet er John diesbezüglich. Dabei kann er sich auf Georges beeindruckendes Talent stützen – auch deshalb geht sein Plan auf. Und so sind bereits drei Viertel der späteren Beatles dabei, als die Quarrymen im Juli 1958 ihre allererste Aufnahme machen. Eine der beiden Nummern stammt von Paul: »In Spite of All The Danger« ist der erste McCartney-Song, der auf Platte gepresst wird. Höhe der Auflage: ein Exemplar. Da George ein Gitarrensolo beisteuert, notiert Paul auf dem Label, dass es sich bei dem Song um eine »McCartney-Harrison« Komposition handle.

Die legendärste aller Songwriter-Partnerschaften – Lennon/McCartney – hat zu dieser Zeit aber auch schon begonnen. Ständig hocken die beiden aufeinander, meist im Haus der McCartneys, und spielen einander vor, was sie zuvor allein geschrieben haben. Dann arbeiten sie gemeinsam weiter daran. Einmal, während der Schulferien, besuchen sie eine Cousine von Paul, die zusammen mit ihrem Mann in der 200 Meilen entfernten Grafschaft Berkshire einen Pub betreibt. Unter dem Namen The Nerk Twins spielen John und Paul dort zwei Akustikkonzerte im Duo. Nach ihrer Abreise erkundigt sich ein Stammgast, was aus den beiden geworden sei. Zwar seien sie hörbar talentfrei gewesen, hätten doch aber zumindest »ein wenig Leben in die Bude gebracht«.

## Preludin und Piedel

Die späten Fünfzigerjahre bringen immer wieder Änderungen in der Bandbesetzung. Im Herbst 1959 versuchen sie es außerdem mit einem neuen Namen und nennen sich kurzzeitig Johnny and The Moondogs. (Dieses Schema – X and The Ys – ist damals gang und gäbe.) Anfang 1960 überzeugt John dann seinen engen Freund Stuart Sutcliffe, sich ihnen als Bassist anzuschließen. Stu hat keinerlei musikalische Erfahrung, ist aber der Einzige im Umfeld der Moondogs, der sich einen Bass leisten kann. Paul wird mit ihm nicht wirklich warm, ärgert sich darüber, dass sie jemanden mitschleppen und an den spärlichen Einnahmen beteiligen müssen, der sein Instrument nicht beherrscht.

Vermutlich macht Stus blendend gutes Aussehen die Sache für Paul nicht besser – schließlich durfte er bis dahin genießen, dass eigentlich er der Hübsche in der Band ist, wenn er es schon nicht mit der verwegenen, wilden Ausstrahlung von John aufnehmen kann. Außerdem herrscht zwischen John und Stuart eine Verbundenheit, von der er sich ausgeschlossen fühlt. »Alle buhlten um die Gunst von John«, erklärte Paul die Spannungen zwischen Stu und ihm später einmal. Sutcliffe verstarb im April 1962 an einer Hirnblutung; zehn Monate davor hatte er die Band verlassen. Sein plötzlicher Tod führte dazu, dass Paul sich lange Zeit mit einem schlechten Gewissen plagte, weil er sich fragte, ob er sich ihm gegenüber nicht aufgeschlossener hätte verhalten können.

Aber nicht bloß Stuart, sondern die ganze Band kann nur davon profitieren, so viel wie möglich vor Publikum zu spielen. Im Liverpool dieser Zeit gibt es zahlreiche junge Musikgruppen, und nicht wenige davon sind beliebter und erfolgreicher als die Moondogs, die sich nach Stuarts Bandbeitritt noch ein paar Mal umbenennen, bevor sie im August 1960 endgültig bei The Beatles landen, wenngleich zahlreiche Wegbegleiter ihnen von diesem angeblich ganz abscheulichen Namen abraten.

Als die Beatles 1960 von ihrem damaligen Manager Allan Williams eine mehrwöchige Auftrittsreihe im Ausland vermittelt bekommen, sind sie nicht dessen erste, ja nicht einmal die zweite Wahl. Aber in den Clubs und Kaschemmen der Reeperbahn braucht man junge Bands für das tägliche Programm, und nachdem auch Gerry & The Pacemakers absagen (die ab 1963 für ein paar Monate zur größten Konkurrenz der Beatles im Vereinigten Königreich aufsteigen), sind die Beatles ihr Ersatz. Es braucht ein wenig Überzeugungskunst, damit Jim McCartney seinen Sohn ziehen lässt, denn eigentlich sollte dieser nach dem Schulabschluss eine Ausbildung zum Lehrer beginnen. Jim ist stolz auf Pauls musikalische Begabung, aber eine echte Karriere zeichnet sich damals noch nicht ab. Pauls Hartnäckigkeit, die Fürsprache seines Bruders Mike und nicht zuletzt ein stolzer Wochenlohn von 15 Pfund stimmen Jim schließlich um. Zwei Monate nach seinem 18. Geburtstag spielt Paul mit den anderen Beatles in Hamburg – mit schriftlicher Erlaubnis seines Vaters.

Fünfmal werden die Beatles zwischen August 1960 und Dezember 1962 nach Hamburg reisen, für Spielzeiten, die zwischen zwei Wochen und bis zu drei Monaten dauern. Allein schon die Tatsache, dass sie dabei fast immer gemeinsam im selben Zimmer untergebracht sind, bedeutet, dass sie quasi ununterbrochen aufeinanderhocken. Privat und auch professionell sind die Aufenthalte in Hamburg daher eine wertvolle, aber auch kräftezehrende Zeit des (Kennen-)Lernens und Ausprobierens. Beinahe täglich spielen sie sechs, sieben, manchmal neun Stunden vor einem launischen Publikum, das zu einem guten Teil aus Seemännern und Gestalten aus dem Rotlichtmilieu besteht. Um das Pensum zu schaffen, nehmen sie Preludin, ein Aufputschmittel.

Paul empfindet die gemeinsame Zeit in Deutschland schon als intensiv und aufputschend genug; er verzichtet häufiger oder nimmt nur eine Pille, während John über den Abend vier, fünf Stück davon schluckt. Ansonsten sind Frikadellen und Bier die Hauptnahrungsmittel dieser Zeit. Das erste Gastspiel in Hamburg endet

Ende November 1960, als die deutschen Behörden zunächst George nach Hause schicken, der mit seinen 17 Jahren von vornherein illegal auf der Bühne stand. Anschließend verweist man Paul und den kurz vor Hamburg noch angeheuerten Drummer Pete Best des Landes, weil sie keine Arbeitserlaubnis vorweisen können und zudem noch der Brandstiftung bezichtigt werden. Angeblich haben sie das Kino anzünden wollen, in dem sie in einem kleinen, schäbigen Raum gleich bei den Toiletten untergebracht waren. Paul wird später zumeist erzählen, er habe ein dort herumliegendes Kondom angekokelt, als Protest gegen ihre »Herberge«. Viel mehr Streich als Straftat also. Aber an jenem Abend verbringt er einige Stunden in einer Zelle einer Hamburger Polizeiwache. Die Klage wird schließlich zurückgezogen, aber nun muss auch Paul zurück nach Liverpool.

Nach vier Monaten kehren die Beatles im April 1961 für drei Monate nach Hamburg zurück. Drei weitere mehrwöchige Gastspiele folgen 1962, die letzten beiden davon jeweils schon mit Ringo Starr an den Drums. Außerdem entstehen in Hamburg die ersten Aufnahmen im Auftrag einer Plattenfirma. Allerdings geben die Beatles hier lediglich die Begleitband für den britischen Sänger Tony Sheridan. Das Plattenlabel listet sie als »Beat Brothers«. Grund dafür ist wohl auch die phonetische Nähe, die der Name Beatles zum niederdeutschen Wort »Piedel« (Penis) aufweist. Tatsächlich berichtet Paul später von dem sehr speziellen Hamburger Publikum, das sich zu einem nicht geringen Teil aus Kriminellen zusammengesetzt habe, mit denen man es sich nicht verscherzen wollte. »Oh, zee Peedles! Ha Ha Ha!«, habe man ihnen zugerufen. Paul und die anderen waren gut beraten, den Spaß mitzumachen, und dafür spendierten St. Paulis Gangster ihnen dann Schnäpse und Preludin-Pillen.

## »Hello, Goodbye«

Auch wenn Paul bisweilen das Gefühl hat, dass John alle Aufmerksamkeit auf sich zieht, gibt es doch in Wirklichkeit kaum Grund zu klagen, was die Gunst der Damenwelt anbelangt. Zwar sind beide schon recht früh in festen Beziehungen, aber sie zögern nicht lange, wenn sich sexuelle Abenteuer mit weiblichen Fans anbieten. Kein rühmliches Verhalten, sicherlich, aber für die damalige Zeit leider recht gewöhnlich.

Seine erste ernsthafte Beziehung führt Paul mit der ein Jahr jüngeren Dot Rhone. Die sieht 1959 die Quarrymen live in Liverpool und ist eigentlich zunächst von John begeistert, der verwegener aussieht als der deutlich sanfter wirkende Paul. Da John allerdings bereits eine Freundin hat, richtet sich Dots Interesse bald schon auf Paul. In der etwa zweieinhalb Jahre dauernden Beziehung, die sich zwischen den beiden entwickelt, gibt sich Paul als ziemlicher Pascha. Die schüchterne Dot lässt sich leicht unterbuttern. Später erzählt sie, wie besitzergreifend Paul gewesen sei, und dass er immer versucht habe, über ihre Kleidung und ihre Frisur zu bestimmen.

Als sie allerdings ungewollt schwanger wird, beeindruckt er sie durch seine Fürsorge. Über den Zeitpunkt der Schwangerschaft gibt es unterschiedliche Angaben. Laut der McCartney-Biografie von Philip Norman war das noch zu Zeiten der Quarrymen, als Paul gerade auslotet, ob und wie er die Musik zu seinem Lebensinhalt machen kann. Als Dot ihm erzählt, dass sie schwanger ist, zögert er dennoch keine Sekunde, sich zu seiner Verantwortung zu bekennen. Da beide noch keine 18 sind, bleibt ihnen nichts anderes übrig, als die Sache mit ihren Familien zu besprechen. Dots Mutter will, dass das Kind zur Adoption freigegeben wird, aber Pauls Vater gibt dem jungen Paar Rückendeckung. Damit das Kind nicht unehelich zur Welt kommt, wird beschlossen, dass Dot und Paul kurz vor der Geburt heiraten werden, anschließend soll Dot bei den McCartneys einziehen.

Paul ist klar, dass das das Ende seiner Musikkarriere bedeutet, noch bevor sie begonnen hat. Er wird nun, wie ursprünglich angedacht, eine Ausbildung zum Lehrer machen müssen, um ein gesichertes Einkommen zu haben. Er kauft einen goldenen Ring für Dot und lässt sich einen Termin für die standesamtliche Trauung geben. Als seine Freundin dann im dritten Monat eine Fehlgeburt erleidet, lässt er sich nicht anmerken, dass er insgeheim eine Art Erleichterung verspürt, und versucht, Dot Trost zu spenden.

Dot ist in der Beziehung selbst nicht glücklich, aber als Paul mit ihr Schluss macht, bricht sie in Tränen aus und macht ihm Vorwürfe. Viele Jahre später, als Paul mit seiner Band Wings (und also auch mit Ehefrau Linda) tourt, lädt er Dot zu einem Konzert ein, lässt sie und ihre Familie sogar mit einem Rolls Royce abholen. Dot hat anschließend die Gelegenheit, mit ihm zu sprechen, einige Fragen loszuwerden, die ihr offenbar lange auf der Seele lagen. Auf diese Weise kann sie ihren Frieden schließen mit dem Jungen von damals, der ihr erst den Laufpass gab und dessen Name sie dann plötzlich aus jedem Radiogerät der Welt verfolgte.

## »Oh, my baby, how I love your legs«

Pauls nächste Freundin wird die drei Jahre jüngere Tänzerin Iris Caldwell. Sie ist die kleine Schwester von Rory Storm, dessen Band Rory Storm and The Hurricanes damals in Liverpool erfolgreicher ist als die Beatles. Drummer der Hurricanes ist ein gewisser Richard Starkey, der sich den Bühnennamen Ringo Starr gegeben hat. Paul und John bewundern sein musikalisches Können. Iris wiederum ist die Ex-Freundin von George Harrison, wobei die Beziehung zwischen den beiden denkbar harmlos war: Sie hatte ihn im Alter von zwölf Jahren kennengelernt und später ihren ersten Kuss von ihm bekommen. Auch Paul und Iris sind sich schon oft begegnet, als er sie eines Tages in einem ganz neuen Licht zu sehen scheint. Er steht mit den Beatles auf der Bühne des Liverpooler Clubs »The Cavern« und kann plötzlich seine Augen gar nicht mehr von ihr lassen, wie sie da so zauberhaft im Publikum tanzt.

Iris' Eltern lieben es, sich der kreativen Jugend Liverpools anzunehmen. Nachts, wenn das »Cavern« die letzten Gäste rausgekehrt hat, zieht die Horde junger Musiker oft noch weiter ins Haus der Caldwells. Mit seinem Charme weiß Paul auch Mutter Vi für sich einzunehmen, aber um den Finger kriegt er sie nicht gewickelt: Sie ist eine der wenigen, die sich nicht scheut, Paul den Kopf zu waschen, zum Beispiel weil er chronisch Zigaretten schnorrt, statt sich eigene zu kaufen. »Du hast kein Herz, Paul«, sagt sie einmal zu ihm, um ihm klarzumachen, dass er oft gar nicht merkt, wenn er sich mal wieder über die Bedürfnisse anderer hinwegsetzt. Aber das Verhältnis zwischen Vi und Paul ist auch von großer Herzlichkeit und gegenseitiger Bewunderung geprägt. Wenn die Jungs nachts noch bei den Caldwells einfallen, serviert Vi Tee und Snacks. Um so richtig entspannen zu können, fehlt Paul dann nur noch eines – und er weiß, dass er darum bitten darf: »Oh, Vi, kämm mir die Beine«, bittet er dann, und tatsächlich zückt Vi den Kamm und tut ihm den Gefallen.

Die Beziehung zu Iris dauert ein gutes Jahr, und beiden ist klar, dass es sich hier nicht um die große Liebe handelt. Aber sie haben eine schöne Zeit miteinander, und diesmal hat Paul eine Freundin, die ihm auf Augenhöhe begegnet und sich ihm gegenüber nicht verbiegt. Einmal singt er ihr ein Lied vor, das er gerade neu geschrieben hat: » Please Please Me«. Wie sie das fände, will er wissen, und Iris antwortet: »Grauenvoll.«

Im Sommer 1965, da sind er und Iris längst kein Paar mehr, meldet sich Paul eines Abends telefonisch bei den Caldwells: Sie solle den Fernseher einschalten, sagt er zu Vi, dort werde er gleich ein neues Lied singen. Und dann könne sie ihm ja sagen, ob er ein Herz habe oder nicht. Es folgt die TV-Premiere von »Yesterday«, das so sehr Pauls eigenes Werk ist, dass im Vorfeld überlegt wurde, es als McCartney-Alleingang zu veröffentlichen – was der Beatles-Manager Brian Epstein zu verhindern weiß.

Keine Frage: »Yesterday« ist ein Lied mit sehr viel Herz(schmerz). Und kaum ein anderer McCartney-Song hat eine Entstehungsgeschichte, die häufiger erzählt wurde: Die Melodie, die so leichtfüßig daherkommt und einen doch so sehr nach unten ziehen kann, ist Paul im Schlaf gekommen. So selbstverständlich hat sie sich beim Aufstehen in seinem Kopf festgesetzt, dass er sicher ist, es müsse sich um eine bekannte Komposition handeln. Aber wem er die Tonfolge auch vorspielt, niemand erkennt sie wieder, also muss es sich wohl um seine eigene Schöpfung handeln. Es dauert ein paar Wochen, bis die Komposition fertig und Paul überzeugt davon ist, dass es sich wirklich um *sein* Werk handelt. Während dieser Zeit stecken die Beatles gerade mitten in den Dreharbeiten zu ihrem zweiten Film *Help!* – unter anderem in der Karibik und den österreichischen Alpen. Wo immer es möglich ist, lässt sich Paul ein Klavier ans Filmset bringen, um weiter an seinem Lied zu arbeiten. Regisseur Richard Lester ist irgendwann so genervt, dass er brüllend androht, das Instrument fortschaffen zu lassen, wenn er die Melodie noch einmal hören muss.

»Yesterday« ist auch ein erster Schritt in Richtung einer reiferen Poesie, was Pauls Texte anbelangt. Weltbekannt ist die erste Zeile: »Yesterday all my troubles seemed so far away«. Aber fast jeder echte Beatles-Fan kennt auch die Textfassung, die Paul als Platzhalter notierte, weil ihm auf die Schnelle nichts anderes einfiel: »Scrambled eggs, oh, my baby, how I love your legs.«

Um Rührei geht es da also, und um schöne Beine … Ob sie gekämmt oder ungekämmt waren, werden wir wohl nie erfahren.

## Im Auftrag Ihrer Majestät Queen Babe

Das Bett, in dem Paul die Melodie von »Yesterday« erträumt, befindet sich in einem winzigen Mansardenzimmer in der Londoner Wimpole Street. Hier, im Hause der Familie Asher, lebt er, wenn er nicht gerade mit den Beatles in der Weltgeschichte unterwegs ist. Jane Asher ist als Schauspielerin tätig, schon seit ihrem sechsten Lebensjahr, und seit April 1963 ist sie die neue Freundin von Paul. Aber nicht nur sie erliegt seinem berühmten Charme, sondern mit ihr auch gleich ihre ganze Familie. Janes Mutter zum Beispiel liebt es, sich mit Paul über Musik zu unterhalten. Sie arbeitet selbst als Musiklehrerin, hat seinerzeit einem jungen George Martin das Oboespielen beigebracht. In ihrem Musikzimmer arbeiten John und Paul häufig an neuen Songs, und sie ist bemüht, Paul das Notensystem beizubringen. Doch wieder einmal ist Paul die Theorie zu trocken. Nach ein paar Stunden gibt er entnervt auf (und bis zum heutigen Tage sind seine Fähigkeiten auf dem Gebiet der Notation sehr beschränkt).

Als Paul eines Abends im Dezember 1963 den letzten Zug nach Liverpool verpasst, bietet Margaret Asher ihm für die Nacht den kleinen Raum unterm Dach an. Und irgendwie bleibt das Zimmer ab da seines, und er wird von den Ashers aufgenommen. Während die Beatles binnen eines Jahres zur größten Band der Welt aufgestiegen sind, bezieht Paul ein Zimmer, in das außer Sessel, Plattenspieler, Piano und einem schmalen Bett nichts hineinpasst. Unter dem Bett verstauben seine Goldenen Schallplatten, für die er sonst nirgends Platz hat. Ebenfalls dort verstaut: das Ordensabzeichen, das ihm Queen Elizabeth II. anlässlich seiner Aufnahme in den »Most Excellent Order of The British Empire« höchstpersönlich angeheftet hat. »Für uns Teenager war sie ein Babe«, wird McCartney Jahre später seinen jugendlichen Blick auf die 16 Jahre ältere Königin beschreiben.

Man muss sich Pauls Zimmer vermutlich ein wenig wie Carl Spitzwegs Gemälde *Der arme Poet* vorstellen, aber das Leben bei den Ashers gibt ihm Halt in dieser Zeit, in der die Beatles für Massenhysterien sorgen, wo immer sie auftauchen. Auch das Haus in der Wimpole Street wird schon bald von Fanscharen belagert. Stunden-, ja tagelang harren manche Mädchen aus, in der Hoffnung, ihren Schwarm einmal zu Gesicht zu kriegen. Deshalb haben die Ashers für Paul einen Fluchtweg ersonnen, über den er das Haus unbemerkt verlassen kann: Klettert Paul durch das kleine Dachfenster seines Zimmers, so kann er über einen fußbreiten Mauervorsprung in das Haus nebenan steigen, in der ein pensionierter Oberst lebt, den die Sache so amüsiert, dass er ihr zustimmt. Dort angekommen nimmt Paul den Hinterausgang und gelangt über den Hof in das angrenzende Gebäude, das er wiederum durch den Hinterausgang betritt, um durch Küche und Flur eines jungvermählten Paares zum Vordereingang zu gelangen, welcher hinaus auf die Browning Mews führt, die parallel zur Wimpole liegt, aber nicht von Fans belagert wird. Einmal fällt Paul auf, dass das junge Paar keinen Kühlschrank hat. Eine gute Gelegenheit, sich erkenntlich zu zeigen, wie er findet, und er spendiert ihnen kurzerhand einen.

Wer regelmäßig auf diese Weise das Haus verlässt, qualifiziert sich wohl automatisch dazu, einen Bond-Song zu schreiben – eine Ehre, die McCartney 1973 zuteilwird. »Live and Let Die« wird vom *Rolling Stone* als drittbester aller

Bond-Songs gewertet, und 2012 darf Paul das Lied direkt vor dem Buckingham Palace spielen – anlässlich des Diamantenen Thronjubiläums Ihrer Majestät Queen Babe.

Während er selbst auf wenigen Quadratmetern wohnt, macht Paul 1964 von seinem wachsenden Vermögen Gebrauch, indem er seinem Vater ein Haus schenkt, für das er »die damals stattliche Summe von 8750 Pfund« zahlt. Der inzwischen 62-jährige, noch immer alleinstehende Jim und Pauls jüngerer Bruder Mike wohnten bis dato noch in dem kleinen Haus, in das sie kurz vor dem Tod der Mutter eingezogen waren. Nun ziehen beide in das nahegelegene Städtchen Heswall, in ein Haus in idyllischer Lage, das Paul zuvor hat renovieren lassen. Und als hätte es nur dieses Neuanfangs bedurft, lernt Jim kurze Zeit später Angela Williams kennen, »eine kleine 35-Jährige mit Bienenkorbfrisur und Schmetterlingsbrille«, wie McCartney-Biograf Philip Norman sie beschreibt. Trotz der 27 Jahre Altersunterschied ist beiden sofort klar, dass sie zueinander gehören. Die ebenfalls verwitwete Angie zieht mit ihrer vierjährigen Tochter Ruth in das neue McCartney-Domizil ein; im November heiratet Jim die zweite späte, große Liebe seines Lebens. Ruth wird von Jim adoptiert und nimmt ebenfalls seinen Nachnamen an. Sie wird später, 1991, auch den Versuch unternehmen, sich als Sängerin zu etablieren. Schlager- und Grand-Prix-Legende Ralph Siegel ist Executive Producer ihres ersten und einzigen Albums *I Will Always Remember You*, mit dem sie es in Russland auf Platz 1 der Charts schafft.

## Größer als Elvis

1964 gönnt den Beatles, die seit 1960 quasi ununterbrochen touren, keine Pause. Allein im Januar spielen sie 29 Konzerte, lediglich am 13. und 14. finden keine Shows statt – zwei Tage, die sie nutzen müssen, um von England nach Frankreich zu reisen. Im Februar geht es dann zum ersten Mal in die USA, wo die Beatlemania gerade erst angekommen ist. Seit Ende 1963 berichten dort die Medien in eher amüsierter Weise über die Hysterie, die diese Rock-'n'-Roll-Band in ihrem Heimatland auslöst. Denn der Rock 'n' Roll war für die Amerikaner längst ein Ding der Vergangenheit. Ein popkulturelles Phänomen, das sich in der zweiten Hälfte der Fünfzigerjahre abgespielt hatte. Erst im Dezember 1963 schafft es mit »I Want To Hold Your Hand«

ein Beatles-Song ins US-Radioprogramm – und der Spott der Erwachsenen wird lawinenartig unter der lautstarken Begeisterung der amerikanischen Jugend begraben. Los geht die Hysterie in Washington, D. C., und von dort verbreitet sie sich wie ein Virus übers gesamte Land.

Das tödliche Attentat auf John F. Kennedy, den 35. Präsidenten der Vereinigten Staaten, liegt gerade erst zweieinhalb Monate zurück, als die Beatles am 7. Februar 1964 in New York landen (am John F. Kennedy International Airport, dessen Umbenennung nicht einmal sieben Wochen zuvor erfolgte). 4000 Fans sowie 200 Reporter empfangen sie am Flughafen, obwohl »I Want To Hold Your Hand« noch keine zwei Wochen auf Platz 1 der Billboard Hot 100 steht. In kürzester Zeit ist den Fab Four der kommerzielle Durchbruch in den USA gelungen.

Geplant sind drei Auftritte in der extrem populären »Ed Sullivan Show«. Sullivan hatte bei einem London-Besuch Ende Oktober 1963 mit eigenen Augen erlebt, wie die Beatles dort am Flughafen Heathrow von begeisterten Fanscharen begrüßt wurden. Zwei Wochen später hatte er sich mit dem Beatles-Manager Brian Epstein in New York getroffen, um einen Deal unter

Dach und Fach zu bringen: Zwei Live-Auftritte, am 9. Februar in New York sowie am 16. in Miami, eine Woche später soll dann noch eine ebenfalls am 9. Februar gefilmte Aufzeichnung ausgestrahlt werden. Auf die 728 Sitzplätze im Studio kommen für den ersten Abend rund 50 000 Ticketanfragen. Sieben Jahre zuvor kam der King, Elvis Presley, auf gerade einmal 7000 Ticketanfragen für seinen Auftritt bei Sullivan. Auf jeden Studiogast kommen 100 000 Menschen, die den ersten US-Auftritt der Beatles vor dem heimischen Fernsehgerät verfolgen: 73 Millionen Zuschauer wollen den Auftritt einer Band sehen, die kurz davor noch völlig unbekannt gewesen ist. Das sind damals fast 40 Prozent der Gesamtbevölkerung der USA.

»Ladies and Gentlemen, The Beatles. Let's bring them on«, kündigt Sullivan die vier jungen Männer aus Liverpool an, aber das Schreien der Fans im Studio übertönt diese Worte. Paul zählt die Band ein, die als ersten Song »All My Loving« spielt. Anschließend gibt Paul seine bezaubernde Version von »Til There Was You« zum Besten – eine Ballade aus dem Musical *The Music Man*, die auch die erwachsenen Zuschauer ansprechen soll. Danach spielen sie »She Loves You« und gehen von der Bühne, um gegen Ende der

Sendung für drei weitere Songs zurückzukehren. Ein kurzer Auftritt, der aber rückblickend eine Zeitenwende in der Popkultur der USA darstellt. Mit einem Paukenschlag hält die Beatlemania nun auch hier Einzug. Außerdem ist dieser Abend der Beginn der »British Invasion«: Mit einem Mal haben Bands aus England in Nordamerika Hochkonjunktur. Jahrzehnte später noch erzählen Musiker, die später eine Weltkarriere gemacht haben, dass der Auftritt der Beatles in der »Ed Sullivan Show« sie dazu bewogen habe, selbst anzufangen, Musik zu machen. Einer von ihnen ist der damals 13-jährige Tom Petty, der 25 Jahre später mit George Harrison sowie Bob Dylan, Roy Orbinson und Jeff Lynne in der Supergroup Travelling Wilburys spielen wird. Während der gesamten Sendezeit der »Ed Sullivan Show« von einer Stunde wird in New York kein einziges Verbrechen gemeldet.

## Kräuterzigaretten in der Echokammer

Im August 1964 sind die Beatles erneut für zwei Konzerte in New York. Das Rahmenprogramm sieht auch eine pressewirksame Begegnung mit einem jungen US-Künstler namens Bob Dylan vor – ein 23-jähriger Sänger mit kratziger Stimme, der mit seinen poetisch-aufrührenden Liedern innerhalb von zwei Jahren zur absoluten Ikone einer jugendlichen Protestbewegung aufgestiegen ist.

Diese erste Begegnung von Dylan und den Beatles findet im New Yorker Delmonico Hotel statt. Ein feuchtfröhliches Kennenlernen – Scotch mit Cola und französischer Rotwein sind die Drogen der Wahl. Irgendwann jedoch zieht sich Dylan kommentarlos in einen kleinen Nebenraum zurück. Ringo folgt ihm, vermutlich nur, um nachzuschauen, ob alles in Ordnung ist. »Ein wenig seltsam« habe er ausgesehen, als er schließlich zurückkam, erinnert McCartney sich viele Jahre später. Dylan habe Marihuana dabei, so Ringo, und er selbst habe es soeben probiert. Natürlich lassen John, Paul und George es sich nicht nehmen, es ebenfalls zu probieren.

Das gemeinsame erste Kiff-Erlebnis der Beatles verläuft wohl ziemlich klassisch: Sie rauchen, spüren zunächst keine Wirkung, rauchen deswegen noch etwas mehr. Und irgendwann sind sie alle ziemlich breit; sie kichern viel und geben sich diesem seltsamen Hochgefühl hin. Für Paul ist dieser erste THC-Rausch eine besondere Offenbarung. Er fühlt sich eingeweiht in die Geheimnisse des Universums. Dylan indes hatte gar nicht beabsichtigt, die Beatles an Marihuana heranzuführen. Vielmehr war er davon ausgegangen, dass sie bereits reichlich Erfahrung mit der Droge haben. In »I Want To Hold Your Hand« sangen sie ja schließlich immer wieder die Zeile »I get high«. (Sie sangen natürlich »I can't hide«, aber Dylans Ohren waren den Liverpooler Akzent nicht gewohnt, was zu diesem gewissermaßen historischem Missverständnis führte.)

Hasch und Marihuana spielen von da an eine wichtige Rolle in der Bandgeschichte der Beatles. Während der Dreharbeiten zu *Help!* fangen sie bereits nach dem Aufstehen an zu kiffen. Keiner habe mehr mit ihnen kommunizieren können, weil sie nur noch mit glasigen Augen vor sich hin gekichert hätten – so fasste John diese Zeit später einmal zusammen. Insbesondere Paul erlebt die Wirkung von THC als ausschließlich positiv, als anregend und kreativitätsfördernd. Zwei Jahre nach dem Dylan'schen Initiationserlebnis erscheint auf dem Album *Revolver* mit

»Got To Get You Into My Life« ein Song, den Paul später einmal als seine Ode an das Hasch bezeichnet. »Was kann ich tun? Was kann ich sein? Wenn ich bei dir bin, dann will ich dort bleiben«, heißt es da unter anderem. In einem *Playboy*-Interview kurz vor seinem Tod bezeichnet Lennon den Song als eine der besten McCartney-Nummern.

Für die vier jungen Männer, denen die Welt zu Füßen liegt, gibt es eigentlich keinen Grund, das Kiffen geheim zu halten. Zumal THC als Droge damals noch so unbekannt ist, dass man argwöhnische Nachfragen meist mit dem so schlichten wie vagen Verweis auf »Kräuterzigaretten« abtun kann. Vor Produzent George Martin – aus musikalischer Sicht zweifellos *der* fünfte Beatle, so es denn einen gegeben hat – trauen die vier sich dann aber doch nicht, den Joint rauszuholen, »weil er ein Erwachsener war«.

In den Abbey-Road-Studios gibt es einen etwas versteckten Raum, in den sie sich zurückziehen, wenn sie heimlich einen durchziehen wollen. Es dauert jedoch nicht lange, bis sie merken, dass ihr Kifferrefugium nicht einfach nur ein ungenutzter Raum ist. Sie sind in der Echokammer der Abbey-Road-Studios gelandet. Wann immer für eine Aufnahme ein Echo gebraucht wird, wird der Sound aus dem jeweiligen Studio einfach hierhin geleitet, um das entstehende Echo aufzunehmen. Und so sitzen die Beatles – zum Stillschweigen verdammt – in jener Echokammer, rauchen ihren Joint und immer mal wieder schrecken sie auf, wenn ohne Ankündigung plötzlich die Stimmen von Tom Jones oder Manfred Mann durch den Raum schallen, die gerade irgendwo im Gebäude ihren nächsten Hit einsingen. »Wenn du bekifft bist, dann ist das natürlich ein bisschen gruselig«, wird Paul sich später erinnern.

Einmal landet Paul auf einer sehr exklusiven Party, bei der der Gastgeber plötzlich mit Andy Warhol im Schlepptau auftaucht. Die Anwesenden kommen in den Genuss einer Privatvorführung von dessen neuestem Filmwerk *Empire*. Der Streifen hat eine Laufzeit von mehr als acht Stunden; ihm einen Mangel an Plot vorzuwerfen, wäre schiere Untertreibung: Von der einfallenden Dunkelheit bis in die tiefe Nacht hat Warhol einfach nur die oberen Etagen des Empire State Buildings abgefilmt, ohne dass die Kamera je bewegt würde. Paul ist zu höflich, sich sein Leiden anmerken zu lassen und stumpft sich stattdessen mit reichlich Hasch ab.

Jahrzehntelang bleibt Paul überzeugter Kiffer, was ihm 1980 zum Verhängnis wird: Auf Tournee mit den Wings landet er in Japan; am Flughafen finden die Beamten ein halbes Pfund Marihuana in seiner Reisetasche. Darüber kann man selbst bei einem Weltstar wie McCartney nicht hinwegsehen, und so wird er in Handschellen abgeführt und verbringt neun Tage in einem japanischen Gefängnis, in einer Zelle mit acht anderen Männern. Einmal performt er aus dieser Zelle heraus vier Beatles-Songs a capella, dem Zuruf eines Mitinsassen folgend, mit dem man sich besser nicht anlegen will. Bedenkt man, dass auf sein Vergehen nach japanischem Recht bis zu sieben Jahre Haft stehen, so geht die ganze Geschichte für McCartney, den Insassen #22, mehr als glimpflich aus. Er vertreibt sich die Zeit mit Fitnessübungen und gilt ansonsten als »freundlicher Zellenkumpan«. Aber die anstehenden Konzerte der Wings müssen natürlich abgesagt werden.

Warum ein Weltstar wie McCartney eben mal so mit einem halben Pfund Marihuana durch eine Flughafenkontrolle spazieren wollte, erklärt er 2004 in einem Interview: Er habe ja nicht gewusst, ob er in Japan »irgendwas zu rauchen« bekommen würde, und was er dabeihatte, »war zu gut, um es die Toilette runterzuspülen«. Nun denn.

Laut Auskunft von McCartney hat Mitte der Sechziger übrigens noch ein anderes überall bekanntes Gesicht seine ersten Erfahrungen mit THC gemacht: Mick Jagger. Nicht ganz so überraschend, dass Paul derjenige ist, der ihm die Droge näherbringt – und nicht etwa umgekehrt. Zumindest wenn man weiß, dass es sich bei den wilden Rolling Stones tatsächlich um brave Söhne aus gutbürgerlichem Hause handelte.

## »Lucy in the Sky with Diamonds«

Dass das Songwriting der Beatles Mitte der Sechzigerjahre introspektiver und komplexer wird, hat sicher auch mit den Gedankenwelten zu tun, in die das THC sie nun immer wieder entführt. Der geneigte Fan weiß indes, dass bald noch eine zweite Droge den Horizont der Beatles drastisch erweitern sollte. Im Frühjahr 1965 machen zunächst John und George Bekanntschaft mit dem psychedelischen Halluzinogen LSD – eine damals noch recht neue Droge, die auch als Acid bekannt ist. LSD kann das Bewusstsein fragmentieren und kaleidoskopartig neu zusammensetzen; es kann die Gedanken in eine Spirale schicken, die sich immer weiter in Richtung erkenntnistheoretischer Weltformel zu winden scheint. Der gemeinsame erste LSD-Trip stärkt die Bindung zwischen John und George nachhaltig.

Wie es bei den Beatles üblich ist, wollen die beiden diese als so bereichernd empfundene Erfahrung mit der Band teilen. Ja, sie haben sogar das Gefühl, dass sie Ringo und Paul dazu bringen *müssen*, LSD zu nehmen, weil es sie selbst zu neuen Menschen gemacht habe, wie George später einmal sagen wird. Ein »so gigantisches Erlebnis« sei es gewesen, »dass man es nicht erklären konnte«. Für Ringo braucht es da nicht viel Überzeugungsarbeit, er ist schnell an Bord geholt. Bei Paul jedoch überwiegen die Bedenken. Er lehnt ab. Insbesondere John habe sehr genau gewusst, wann ein »Nein« bei Paul auch wirklich »Nein« hieß, erzählt er 2018 in einem Interview. So habe Lennon ihm einmal vorgeschlagen, sich gemeinsam einer Trepanation zu unterziehen – ein operativer Prozess, bei dem ein kleines Loch in die Schädeldecke gebohrt wird. Dieses altertümliche Verfahren umwehte in den Sechzigerjahren offenbar ein esoterischexperimenteller Ruch: Es sollte dabei helfen, »den Druck abzulassen«, der sich im Schädel aufstaute. Paul habe abgelehnt, und John – das sei das Gute an ihrer Beziehung gewesen – habe gewusst, dass das Thema damit für Paul beendet war. Ähnlich sei es beim LSD gewesen.

Dass Paul der Versuchung schließlich doch noch erlegen ist, führt er darauf zurück, dass es bei solchen Dingen eben doch eine Art Gruppenzwang gibt – zumal innerhalb einer Band. Jedoch findet sein erstes LSD-Erlebnis ohne die anderen Beatles statt: Ende 1965 lässt er sich von Tara Browne überzeugen, gemeinsam auf einen Acid-Trip zu gehen. Paul bewundert den damals gerade erst 20-Jährigen für seinen Intellekt. Aber Tara ist auch ein Lebemann mit einer ausgeprägten Schwäche für Alkohol und andere Drogen. Ein Jahr nach dem LSD-Trip mit Paul wird er bei einem Autounfall ums Leben kommen; alkoholisiert und unter anderen Drogen stehend übersieht er eine rote Ampel und rast in einen Lkw. Sein Tod wird in den ersten Zeilen eines der legendärsten Beatles-Songs verewigt: »A Day in the Life«. Eine mehr als 50 Jahre nach seinem Tod erscheinende Tara-Browne-Biografie trägt denn auch den Titel *I Read The News Today, Oh Boy*.

Paul erlebt diesen ersten und einige daraufolgende LSD-Trips sehr intensiv. Eine enorme Steigerung der Sinneswahrnehmungen ist sicherlich einer der interessantesten Effekte. Auch Epiphanien und ein tief dringendes Verständnis dafür, wie alles mit allem zusammenhängt, sind typische LSD-Erlebnisse. Manchmal wird er »sehr, sehr tiefemotional«, dann wieder glaubt er, Gott zu sehen. Wenn es schlecht läuft, verbringt er die ganze Nacht in einem halbwachen Zustand, sitzend und nicht imstande, aufzustehen.

Wie zuvor schon THC hat auch LSD einen hörbaren Einfluss auf das Werk der Beatles. Auf einem Acid-Trip präzise zu musizieren, ist nahezu ein Ding der Unmöglichkeit, weshalb sie die Droge nur außerhalb des Tonstudios nehmen. Einmal jedoch schmeißt John bei den Aufnahmen zu *Sgt. Pepper* versehentlich einen Trip. George Martin begreift gar nicht, wieso er sich so sonderlich verhält, aber die anderen Beatles wissen, was Sache ist. Die Aufnahmesession wird abgebrochen, und Paul fährt John nach Hause. Dort, unter der nüchternen Aufsicht ihres Roadmanagers Mal Evans, nimmt auch Paul LSD und geht erstmals gemeinsam mit John auf einen Trip.

Im Juli 1967 erscheint in der Zeitschrift *Queen* ein Interview mit Paul, in dem er zugibt, LSD genommen zu haben. Prompt folgt ein großes Presseecho, das ihn dazu bewegt, zwei Tage später ein Fernsehinterview nachzuschieben. Wie oft er LSD genommen habe, fragt der Reporter Paul. Viermal, antwortet dieser. Woher er die Droge bekommen habe, wird er als Nächstes gefragt. Es sei wohl nicht sehr klug, darauf zu antworten, entgegnet Paul, schließlich sei es ja eine illegale Substanz. Dann wird er gefragt, ob er nicht besser daran getan hätte, die Angelegenheit nicht öffentlich zu machen. Mit seiner Antwort löst Paul, der am Vortag des Interviews seinen 25. Geburtstag gefeiert hat, eine Debatte über die Verantwortung von Medien und Prominenz aus: Man habe ihm eine Frage gestellt und er habe sich entscheiden müssen zwischen Wahrheit und Lüge. Er habe nur die Wahrheit gesagt, der Reporter und mit ihm die Massenmedien seien diejenigen, die es hätten verbreiten wollen. Dafür sei der Reporter verantwortlich, nicht er.

Es ist vielleicht keine hieb- und stichfeste Argumentation, aber sie wirft berechtigte Fragen auf. Die Presse giert seit Jahren danach, den unfassbaren Erfolg der Beatles auszuschlachten und muss sich dabei immer wieder selbst übertreffen. Es ist mindestens etwas zwielichtig, einem der größten Stars der Popwelt locker-aufgeklärte Fragen zum Thema Drogen zu stellen, um damit der Branche eine Steilvorlage für Schlagzeilen im Stile von »Gefährden die Beatles unsere Jugend?« zu liefern.

## Die ersten Stadionrocker der Geschichte

Diese Band habe das Potenzial, größer als Elvis zu werden. In höheren Tönen hätte Brian Epstein die Beatles nicht anpreisen können, als er sich auf die Suche nach einer Plattenfirma für die Band macht, die er am 24. Januar 1961 unter Vertrag genommen hatte. Es waren seine ersten Versuche überhaupt, im Musikmanagement Fuß zu fassen. 10 Prozent ihrer Einnahmen sicherte er sich im Rahmen eines Fünfjahresvertrages zu, 15 Prozent sollten es werden, falls die Wocheneinnahmen 120 Pfund irgendwann einmal überschreiten würden. Bei dieser Klausel hatte der 26-jährige sich von dem acht Jahre jüngeren Paul von 20 auf 15 Prozent herunterhandeln lassen. Brian hatte sich von dem damals 19-jährigen

Paul von 20 auf diese 15 Prozent runterhandeln lassen. Allerdings entließen die Beatles einige Monate später Pete Best und holten Ringo Starr als neuen Drummer in die Band, weshalb ein neuer Vertrag aufgesetzt wurde, mit dem sich Epstein höhere Prozentanteile sichern konnte.

Wohin die Reise gehen würde, hat keiner der Beteiligten ahnen können. Keine fünf Jahre später sind die Beatles *das* globale Pop-Phänomen ihrer Zeit. Kaum je wird das so deutlich wie bei dem Konzert, das sie am 15. August 1965 im New Yorker Shea-Stadium spielen, dem Heimstadion des legendären Baseballteams The Mets. Der Auftritt dauert bloß eine halbe Stunde, umfasst nur ein Dutzend Songs (zuvor haben einige andere Bands das Publikum »warmgespielt«). Aber die mehr als 55 000 anwesenden Fans werden Zeuge eines historischen Ereignisses – die Show gilt heute als das erste richtige Stadionkonzert. Legendär auch der schrecklich schlechte Sound. Um auch nur annähernd eine ausreichende Lautstärke zu erreichen, werden die eigens für diese Tour angefertigten Hochleistungsverstärker an die Beschallungsanlage des Stadions angeschlossen. Aber auch dann noch wird der blecherne, undifferenzierte Klang vom Publikum übertönt, das 30 Minuten lang ohne

Unterbrechung begeistert wie aus einer Kehle schreit.

Gleich zwei junge Frauen befinden sich im Publikum, die noch nicht ahnen, dass sie später mal einen Beatle heiraten werden: Die Fotografin Linda Eastman, spätere McCartney, und Barbara Bach, die 1981 – inzwischen erfolgreich als Model und Schauspielerin – Ringo heiraten wird. Auch Mick Jagger und Keith Richards sind vor Ort. Bewaffnet mit einem kleinen »I LOVE YOU FOREVER, PAUL!«-Schild, steht außerdem die damals 16-jährige Meryl Streep in der Menge. »Ich glaube nicht, dass er mich gesehen hat«, wird sie das Erlebnis 25 Jahre später kommentieren, als sie dem Schwarm ihrer Teenager-Tage den Grammy für sein Lebenswerk überreicht.

## Audienz beim King

Die Welt liegt den vier jungen Männern aus Liverpool im Sommer 1965 zu Füßen. Tatsächlich sind sie inzwischen größer als Elvis. Trotzdem sind sie voller Ehrfurcht und jugendlicher Begeisterung, als sie während ihrer Nordamerika-Tournee erfahren, dass es nach mehreren vergeblichen Versuchen endlich zu einer Begegnung mit ihrem Idol kommen wird. Das sagenumwobene Treffen zwischen dem King und der größten Band der Welt findet am 27. August 1965 in Elvis' Villa in Los Angeles statt. Es existieren keinerlei Aufnahmen, aber auch 30 Jahre danach erinnern sich Paul, George und Ringo in der Dokuserie *Anthology* noch mit leuchtenden Augen an die Begegnung. Weniger beeindruckt scheint Lennon gewesen zu sein. »Als habe man Engelbert Humperdinck getroffen«, kommentierte er das Ganze später einmal.

Es dauert eine Weile, bis das Eis gebrochen ist. Die Beatles trauen sich nicht wirklich, den Mund aufzumachen, bis Elvis irgendwann verkündet, wenn sie nur dasitzen und ihn anstarren würden, dann werde er ins Bett gehen. Das lockert die Stimmung spürbar, und es dauert nicht lang, da zeigt Elvis Paul ein paar Akkorde, die er gerade am Bass übt. Paul ist nun ganz in seinem Element: »Lass mich dir ein, zwei Sachen zeigen, El.« Und plötzlich unterrichtet er diese Ikone des Rock 'n' Roll, deren Gesang er schon in seinem Kinderzimmer nachgeahmt hat, an der Bassgitarre. Ihm wird der Abend als »eines der großartigsten Treffen meines Lebens«

in Erinnerung bleiben. Schmerzhaft dürfte es daher gewesen sein, dass Elvis einige Jahre später gegenüber dem US-Präsidenten Richard Nixon ungehemmt über die Beatles herzieht, obwohl er selbst fünf Songs von ihnen in seinem Repertoire hat. Presley geißelt die Liverpooler »als Beispiel für anti-amerikanische Stimmungsmache«. Außerdem besorgt ihn – der es ohne eine Vielzahl verschreibungspflichtiger Medikamente schon nicht mehr durch den Tag schafft –, dass die Beatles die amerikanische Jugend zu Drogen verführen könnten. »Schau dir an, wie es mit ihm zu Ende ging«, kommentiert McCartney diesen Umstand Jahre später trocken.

## Tragischer Sommer der Liebe

Fast genau ein Jahr nach dem Treffen mit Elvis spielen die Beatles am 28. August 1966 erneut in Los Angeles, tags darauf in San Francisco. Es sind die letzten beiden regulären Konzerte der Band – danach ist allen vier klar, dass es keine weiteren Shows mehr geben soll. Die Gründe dafür sind vielfältig und plausibel. Die Sicherheitslogistik nimmt albtraumhafte Züge an. Es ist längst unmöglich geworden, sich selbst auf den Konzerten zu hören, die Beatles spielen quasi auf Sicht und gut Glück, was wiederum egal ist, weil die Musik auch im unablässig kreischenden Publikum nicht zu hören ist. Zudem ist die Band das Touren im Allgemeinen leid – was auch daran liegt, dass sie von 1961 bis 1964 quasi ohne Unterbrechung *on the road* waren. Abende, an denen sie nicht spielen, sind in diesen Jahren die Ausnahme. Mit ihren beiden zuletzt erschienen Alben, *Rubber Soul* und *Revolver*, sind sie außerdem in neue, künstlerische Bereiche vorgedrungen. Immer kreativer und bahnbrechender gestalten sich die Studioarbeiten, und in diese Richtung wollen sie weiter vordringen. Wie goldrichtig diese Entscheidung war, beweist ein Dreivierteljahr später das erste Album nach dem Live-Aus der Beatles: *Stg. Pepper's Lonely Hearts Club Band*. Eine Meisterwerk, das heute noch zu den meistverkauften Alben aller Zeiten zählt.

1967 ist ein an großartiger Musik überreiches Jahr, aber der inoffizielle Soundtrack zum *Summer of Love* stammt definitiv von den Beatles. *Stg. Pepper* gilt zudem als eines der ersten Konzeptalben überhaupt. Ausgedacht hat sich die Figur des Sergeant Pepper übrigens Paul –

wobei der Name, wie er erläutert, auf einen Verhörer zurückzuführen ist: Jemand bat ihn, ihm Salz und Pfeffer – *salt 'n' pepper* – zu reichen.

Noch vor Veröffentlichung findet eine Begegnung zwischen Paul und Brian Wilson von den Beach Boys statt. Dieser war von *Rubber Soul* tief beeindruckt gewesen und hatte sich mit dem phänomenalen Album *Pet Sounds* angeschickt, die Beatles noch zu übertreffen. *Revolver* war daraufhin insbesondere für Paul das Unterfangen, ein Album zu erschaffen, das es mit *Pet Sounds* aufnehmen konnte. Aber der Wettkampf zwischen den Beiden ist freundschaftlich, getragen von großer Bewunderung für den jeweils anderen. Wilson arbeitet am nächsten Album der Beach Boys, das den Titel *Smile* tragen soll. Paul besucht ihn und seine Frau, spielt ihnen eine Vorabpressung seines Songs »She's Leaving Home« vor – eine tieftraurige Ballade von makelloser Schönheit. Wilson bricht in Tränen aus, als er das Lied hört. Er, der ohnehin unter schlechtem Selbstwertgefühl und einer fragilen Psyche leidet, sieht offenbar keine Möglichkeit, an das Genie heranzureichen, das Paul ihm da ohne jeden bösen Hintergedanken vorführt. Wilson stellt die Arbeit an *Smile* daraufhin ein.

Der Sommer 1967 endet für Paul, John, George und Ringo jedoch mit einer Tragödie: Auf den Tag genau zwei Jahre nach der Begegnung mit Elvis stirbt unerwartet der Mann, der das Treffen für sie eingefädelt und sich währenddessen wie so oft im Hintergrund gehalten hatte: Brian Epstein wird am 27. August 1967 tot zu Hause aufgefunden. Die Beatles befinden sich zu diesem Zeitpunkt in Wales, wo sie – wie auch Mick Jagger und Marianne Faithfull – an einem Seminar des Maharishi Mahesh Yogi teilnehmen. Gerade erst haben sie während einer Pressekonferenz innerhalb dieses Rahmens verkündet, fortan auf Drogen zu verzichten – die Erleuchtung, die sie nun suchen wollen, ist eine spirituelle. Als tags darauf ein beharrlich klingelndes Telefon durch die Flure des Gebäudes tönt, ist es irgendwann Paul, der den laufenden Kurs verlässt, um die Störung zu beenden. »Oh, Gott ... *nein!*«, hört man ihn kurz darauf rufen.

Paul selbst hat Brian rückblickend als den einzigen »fünften Beatle« bezeichnet. Musikalisch kann er George Martin diesen Titel nicht streitig machen, denn so groß seine Bewunderung für die Beatles ist, so sehr hat er sich im Studio aus nahezu sämtlichen kreativen Entscheidungen rausgehalten. (Dass Kreativität nicht zu Epsteins

Stärken zählte, zeigt zum Beispiel eine Notiz in seinen Unterlagen, aus der hervorgeht, dass er sich eine »schlichte braune Papierhülle« als Cover für das *Stg.-Pepper*-Album vorstellt.) Aber dass die Beatles zu einer weltweit erfolgreichen Marke wurden, ist ihm zu verdanken. In seiner Funktion als Ansprechpartner für alle nichtmusikalischen Angelegenheiten war er zudem ständig damit beschäftigt, bandinterne Streitigkeiten und Probleme aus der Welt zu schaffen, bevor sie sich überhaupt konkretisieren konnten. Die Beziehung zwischen ihm und den Beatles war jedoch zuletzt zunehmend von Schwierigkeiten geprägt – nun ist mit einem Mal ein Schlussstrich gezogen, der keine Klärung mehr zulässt. Epstein stirbt an einer überdosierten Kombination von Alkohol und Schlaftabletten. Sein Tod gilt gemeinhin als »Anfang vom Ende« der Band.

## Spirituelles, Jenseitiges und Endgültiges

Die Beatles beschließen, sich fortan selbst zu managen. Dass das zu Spannungen innerhalb der Band führt, ist erwartbar: Zum einen haben Lennon und McCartney von Anfang an ihre Songwriter-Partnerschaft, ihr Können in den Vordergrund gestellt, so sehr, dass Harrison und Starr sich bisweilen wie austauschbare Handlanger fühlen. Zum anderen war John immer schon jemand, der die Dinge am liebsten laufen lässt – sein Genie passiert anders, zufälliger als das von Paul, der immer die Zügel in der Hand halten muss, immer vorausdenken will. Wenn es unter den vieren einen »natürlichen Bandleader« gibt, dann ist das Paul, aber die Selbstverständlichkeit, mit der er sich die Rolle in den folgenden Jahren aneignet, verprellt die anderen immer häufiger.

Der berühmte Aufenthalt in Indien, wo sie Transzendentale Meditation beim Maharishi Mahesh Yogi lernen, trägt außerdem dazu bei, das Band zwischen John und George weiter zu stärken. Ringo kann der spirituellen Reise am wenigsten abgewinnen, nach zehn Tagen reist er wieder ab. Aber auch Paul bleibt insgesamt eher reserviert: Einerseits fühlt er sich wie im Ferienlager, wenn morgens alle gemeinsam an langen Tischen Cornflakes und Toast frühstücken, andererseits erinnern ihn der lehrmeisterliche Maharishi und das lange Meditieren an drögen Schulunterricht.

Zudem wird immer klarer, dass es natürlich auch hier in erster Linie nicht um Spiritualität geht, sondern um Geld. Auch Paul reist verfrüht ab. Der Aufenthalt in Indien – zum letzten Mal sind die Beatles hier gemeinsam auf Reisen – macht klar, dass aus den Fab Four inzwischen eine Gruppe von vier jungen Männern geworden ist, die ihren Fokus jeweils auf sich selbst richten.

Im Oktober 1969 existieren die Beatles eigentlich nur noch pro forma. Die letzten gemeinsamen Aufnahmen sind abgeschlossen; intern hat John seinen Ausstieg bereits verkündet. Schlagzeilen macht die Band natürlich noch immer – alles, was mit den Beatles zu tun hat, lässt sich medial ausschlachten. Pauls Beziehung zu Linda beispielsweise. Er und Jane Asher hatten sich kurz vor dem Ende ihrer Beziehung sogar noch verlobt, nun ist es Linda, die Paul im März 1969 geheiratet hat, ein halbes Jahr bevor die gemeinsame Tochter Mary zur Welt kommt. Reichlich Material für die Zeitungen also. Noch mehr Aufmerksamkeit lässt sich allerdings mit einem Gerücht schüren, das zwar schon einige Jahre alt ist, aber plötzlich mit unerwarteter Heftigkeit von Fans und Journalisten diskutiert wird: Paul ist tot. 1966, so die Erzählung, sei er nach einem Streit mit den anderen Beatles aus dem Studio verschwunden, in sein Auto gestiegen und wenig später tödlich verunglückt.

Das Gerücht ist frühes Musterbeispiel einer medial befeuerten Verschwörungstheorie von absurdem Ausmaß. Mit unglaublicher Akribie suchen Fans nach Hinweisen, die Pauls Tod vermeintlich bestätigen. In zahlreichen Songs stöbern sie kryptische Zeilen oder rückwärts abzuspielende Songstellen auf, die ihnen als Beweislast dienen. Insbesondere die Plattencover sind angeblich voller versteckter Hinweise darauf, dass der echte Paul drei Jahre zuvor durch einen Doppelgänger ausgetauscht worden ist.

Der übergroßen Aufregung der Presse setzt Paul zunächst mal nichts entgegen. Er befindet sich mit Linda und Mary auf seiner Farm auf der schottischen Halbinsel Kintyre – laut Paul »der friedlichste Flecken Erde, auf dem ich je war«. Aber selbst hier wird er schließlich von Reportern des *Life*-Magazins heimgesucht. Erst gießt er einen Eimer Wasser über sie aus, dann erklärt er sich doch noch bereit, Fragen und Fotos zuzulassen. Die Story schafft es auf die Titelseite der

Ausgabe vom 9. November 1969: »Paul McCartney weilt noch unter uns!« In dem Artikel taucht auch ein Zitat von Paul auf, das inmitten all der Hysterie keine weitere Beachtung findet: »Die Sache mit den Beatles ist vorbei.«

Es vergeht noch einmal ein halbes Jahr, bis das Ende der größten Band der Welt final besiegelt wird – und wieder ist es Paul, der die Sache im Frühjahr 1970 öffentlich macht. Monatelang schon hängt alles in der Schwebe, immer mal wieder scheint es, als ob John doch weitermachen wolle, aber längst sind alle Beatles mit Soloprojekten beschäftigt. Gerade erst kam Ringos erstes Album auf den Markt. Am 27. April wird mit *Let It Be* ein letztes Beatles-Album erscheinen, für dessen Endproduktion John den Hit-Produzenten Phil Spector beauftragt hat – gegen den ausdrücklichen Willen von Paul. Der will nun sein eigenes Soloalbum *McCartney* noch vorher veröffentlichen, am 20. April. Das wiederum verärgert John und George, die einen Brief aufsetzen, den Ringo Paul übergeben soll. Darin verkünden sie, dass Pauls Album erst im Juni veröffentlicht werden soll. Wie so oft versucht Ringo zu vermitteln, aber Paul wirft ihn kurzerhand raus und hält an seinem Veröffentlichungstermin fest.

Wie festgefahren alles ist, erkennt man daran, dass Paul am 9. April John anruft, um ihm zu sagen, dass nun *er* die Beatles verlässt – zu einem Zeitpunkt, als eigentlich schon alles gesagt ist, nur eben nicht öffentlich. Tags darauf aber macht Paul auch in dieser Hinsicht Nägel mit Köpfen, als er Vorabexemplare seines Albums an die britische Presse verschickt, denen ein Interview in Form eines Fragezettels beiliegt: Ob neue Aufnahmen der Beatles geplant seien? Nein. Ob es Pläne für Live-Auftritte gäbe? Nein. Ob er eine Zukunft für die Songwriter-Partnerschaft Lennon/McCartney sähe? Nein. Bewusst lässt Paul es so aussehen, als sei er derjenige gewesen, der sich gegen eine Weiterarbeit mit den Beatles entschieden habe – obwohl gerade er lange nicht einsehen wollte, dass es keine Zukunft für die Band gibt. Dass er ohne jegliche Absprache mit den anderen handelt, ist sicherlich Ausdruck einer gewissen Hilflosigkeit, aber es macht die Sache nicht besser. Noch am selben Tag verkündet eine offizielle Pressemitteilung der Band das Aus der Beatles, in einem deutlich versöhnlicheren Ton: Alle vier seien »am Leben und wohlauf und voller Hoffnung«, die Welt drehe sich weiter, »and the beat goes on, the beat goes on …«

## *Band on the run*

Die Monate nach dem Beatles-Aus stürzen Paul in eine Depression, der er mit Arbeit und Alkohol zu entkommen versucht. Linda gelingt es schließlich, ihn aus dieser destruktiven Phase herauszuholen, indem sie gemeinsam an neuer Musik arbeiten. Im Mai 1971 erscheint Pauls zweites Album *Ram*, veröffentlicht als Gemeinschaftswerk von Paul und Linda McCartney. In einem Interview mit dem *Playboy* erzählen die beiden 13 Jahre später, dass es auf der ganzen Platte nur zwei eher vage formulierte Zeilen gab, die Paul bewusst gegen John gerichtet habe. Der aber glaubt, in mindestens drei Songs eine Kampfansage zu entdecken, und entsprechend heftig fällt seine Reaktion aus. Auf dem Album *Imagine* teilt er in dem Song »How Do You Sleep« rücksichtslos gegen Paul aus: Die Verrückten hätten recht gehabt, als sie sagten, er sei tot; mit Jasagern umgebe er sich, die ihn hofierten; er sei nur ein hübsches Gesicht, habe außer »Yesterday« nichts geleistet; »dein Sound ist in meinen Ohren Fahrstuhlmusik«. Paul spielt mit dem Gedanken auf »How Do You Sleep« seinerseits mit einem Song namens »Quite well, thank you« zu antworten. Stattdessen erscheint im Dezember auf Pauls nächstem Album *Wild Life* ein musikalisches Friedensangebot in Form des Liedes »Dear Friend«. Tatsächlich bleiben weitere Frontalangriffe seitens John aus.

*Wild Life* ist zugleich das Debütalbum einer neuen Band unter McCartneys Führung. Gründungsmitglieder der Wings sind – neben ihm und Linda – der ehemalige Moody-Blues-Gitarrist Denny Laine sowie der Schlagzeuger Denny Seiwell. Die Liner Notes für das Album hat McCartney selbst verfasst – unter dem Pseudonym Clint Harrigan. Die Kritiken fallen überwiegend mau aus; McCartney bleibe weit hinter seinen Möglichkeiten zurück, so der allgemeine Tenor.

Das nächste Album der Wings – oder von Paul McCartney and Wings, wie es die Plattenfirma bevorzugt – lässt anschließend keine fünf Monate auf sich warten, stößt aber auf ähnlich verhaltenes Echo. Eine Kritik sieht in Paul gar den Protagonisten des Märchens *Des Kaisers neue Kleider* – jemanden, der niemanden mehr habe, der ihm mal in den Hintern tritt und ihm die Wahrheit sagt. Selbst Linda sprach einige Jahre später von einer schrecklich unsicheren Phase, in der die Band sich befunden habe; *Red*

*Rose Speedway* sei ein Album ohne Selbstbewusstsein gewesen.

Mit dem dritten Album lässt man sich ganze anderthalb Jahre Zeit. Außerdem will McCartney für die Aufnahmen einen Ortswechsel; im Sommer 1973 arbeiten die Wings sechs Wochen lang in einem Studio in der nigerianischen Metropole Lagos. Die Vorzeichen lassen nichts Gutes hoffen: Paul und Linda werden eines Abends ausgeraubt. Mit vorgehaltenem Messer nimmt man ihnen sämtliche Wertsachen ab, darunter auch Demobänder und Entwürfe für neue Texte. Bald darauf kriegt Paul bei Gesangsaufnahmen plötzlich keine Luft mehr und kollabiert vor den Augen einer panischen Linda, die überzeugt ist, ihren Mann an einen Herzinfarkt zu verlieren. Es handelt sich aber wohl, so lautet später die Diagnose, um einen Bronchospasmus, verursacht durch Pauls maßlosen Zigarettenkonsum. Dass es in Lagos außerdem noch einen Cholera-Ausbruch gibt, bekommt die Band erst mit, als alle wieder zurück in England sind. Die Plattenfirma hatte sie vorab mit einem Schreiben gewarnt, das allerdings nicht mehr rechtzeitig angekommen war.

*Band on the Run*, das dritte Album der Wings, hätte also kaum unter einem schlechteren Stern stehen können. Aber es ist, anders als seine Vorgänger, kein Schnellschuss. Die Produktion ist wieder deutlich aufwendiger, deutlich »mehr McCartney«. Die Kritiken sind diesmal meist positiv, manch einer wirft sich sogar richtig ins Zeug: Ein großartiges Album sei das, heißt es im *NME*, und solle irgendwann noch mal irgendwer schlecht über McCartney reden, so möge man ihm eins auf die Schnauze geben und ihm diese Platte vorspielen. »Anschließend wird man ihnen dafür danken.«

Paul sperrt sich anfangs noch, Singles aus dem Album zu veröffentlichen, lässt sich schließlich aber überzeugen. Waren die Verkaufszahlen davor noch moderat, so verhelfen die Songs »Jet« und der Titeltrack »Band on the Run« dem Album zu ungeahnten Höhenflügen: In den USA erreicht es im April 1974 die Spitze der Billboard Charts – und dann noch zwei weitere Male, im Juni und im Juli. In Kanada und Australien ist es das erfolgreichste Album des Jahres; im Vereinigten Königreich erreicht es ebenfalls die Spitzenposition sowie Platz 2 in den Jahresendcharts. Der Bann ist mit diesem Triumph gebrochen. In den folgenden Jahren gehören Paul McCartney and Wings zu den kommerziell erfolgreichsten Bands der Siebzigerjahre, sind sowohl in den USA als auch in UK ständig in den Top Ten zu finden. Wings sind das mit Abstand erfolgreichste Projekt eines Ex-Beatles. Die Ende November 1977 veröffentlichte Single »Mull of Kintyre« wird für die Band zu ihrem größten UK-Hit. Die volkstümliche Melodie und der Einsatz von Dudelsäcken lassen das Lied wie ein schottisches Traditional klingen – auch deshalb eignet es sich perfekt zum Weihnachts-Hit. Ganze neun Wochen lang steht diese kleine Ode an McCartneys selbstgewählte schottische Heimat an der Spitze der UK-Charts. Es ist dort die erste Single überhaupt, von der mehr als zwei Millionen Exemplare verkauft werden. Damit läuft »Mull of Kintyre« im Vereinigten Königreich einem 14 Jahre alten Hit den Rang als bestverkaufte Single aller Zeiten ab: »She Loves You« von den Beatles.

## »Ich bin's bloß«

1980 zeichnet sich allmählich das Ende der Wings ab. Nach den wegen Pauls Inhaftierung abgesagten Japan-Auftritten, beginnen sie im Sommer die Arbeiten an einem neuen Studioalbum, die jedoch im Sande verlaufen. Nach einigen Wechseln im Line-up der Band hat Paul inzwischen nicht mehr das Gefühl, die geeigneten Musiker für den Sound zu haben, der ihm vorschwebt. Zudem haben er und Linda inzwischen drei gemeinsame Kinder, was sämtliche Planungen zu einer Herausforderung macht. Gitarrist Denny Laine arbeitet stattdessen an seinem dritten Soloalbum, das am 6. Dezember 1980 erscheint und auf dem er drei bisher unveröffentlichte Wings-Lieder nutzt.

Drei Tage später wacht Paul in einer Welt auf, die nicht mehr dieselbe wie zuvor ist. Am späten Abend des 8. Dezembers 1980, um 22:48 Uhr, wird John Lennon in New York von dem geistig verwirrten Attentäter Mark David Chapman niedergeschossen. 19 Minuten später erliegt er im Krankenwagen seinen schweren Verletzungen.

In East Sussex erfährt Paul am nächsten Tag durch einen frühmorgendlichen Anruf seines Managers von der Tragödie. Linda, die gerade die Kinder in die Schule fährt, erinnert sich auch Jahre später noch an den Ausdruck schieren Entsetzens in Pauls Gesicht, als sie wieder zurückkommt. Die Nachricht trifft ihn wie ein Schlag, aber das Einzige, was ihm zu tun einfällt, ist, zur Arbeit ins Studio zu fahren. George und Ringo hätten an jenem Tag das Gleiche getan, erzählt Paul später, und ebenso die meisten Freunde von John, mit denen er darüber gesprochen habe. »Wir konnten es nicht ertragen. Wir mussten einfach weitermachen.«

Abends gelingt es einer Gruppe Journalisten, ihn auf der Straße abzufangen. Wann er von Lennons Tod erfahren habe, was er dazu zu sagen habe. Paul wirkt fahrig, geistesabwesend, aber – da er einen Kaugummi kaut – auch etwas zu lässig und scheinbar unbekümmert. So sehen ihn in diesem Moment jedenfalls die Kameras, und so sieht ihn dann die ganze Welt. Abermillionen von Fans, die in John einen Helden und einen Heiligen verlieren. Paul will der Situation offensichtlich schnell entkommen. Trotz aller Zerwürfnisse hatten John und er sich in den vergangenen Jahren einander wieder angenähert; beiden war klar, wie sehr sie immer Teil voneinander sein würden.

Paul trauert nicht um eine Ikone, sondern um einen Freund. John und er hatten einander überhaupt nur so sehr kränken können, weil sie einander alles bedeuteten. Beide wussten das, aber sie haben nie offen über die Verletzungen geredet, die sie einander zugefügt haben. Nichts davon kann Paul in dieser Situation in Worte fassen – natürlich nicht. Nach ein paar knappen Antworten entzieht er sich den Journalisten mit einem »Drag, isn't it?«, was sich wohl am besten mit einem lapidaren »Ist schon 'n Jammer, oder?« übersetzen lässt. Dann ertönt noch sein freundliches »Okay, cheers, bye-bye!« und er verschwindet.

Immer wieder muss Paul sich in den folgenden Jahren für diese Reaktion rechtfertigen. Er erzählt, wie er den Abend nach dem Interview weinend vor dem Fernseher verbrachte. Wie unmöglich es ihm war, die passenden Worte zu finden, als man ihm die Mikrofone entgegenhielt. John und er waren zwei Jungs aus Liverpool, erklärt er oft, da habe man diese emotionale Ebene nie zugelassen, nie gelernt. Und immer wieder erzählt er die Geschichte wie John manchmal, wenn er den Bogen wieder überspannt hatte und Pauls Groll bemerkte, seine Brille abnahm, die Gläser dick wie Aschenbecherböden hatte und ohne die er fast schon blind war. Und wie ohne diese Brille plötzlich ein ganz anderer John vor ihm saß, der für einen kurzen Augenblick seine Rüstung abgelegt hatte, blinzelnd seinen Blick suchte und sagte: »Ich bin's bloß.«

2020 wird Paul in einem Interview gefragt, wie er heute, 40 Jahre danach, den Mord an John Lennon verarbeitet habe. Er sei sich gar nicht sicher, ob er das überhaupt getan habe, antwortet er. Manchmal frage er sich: »Warum breche ich eigentlich nicht jeden Tag weinend zusammen?« Und dann fügt er hinzu: »Weil es *so* schlimm ist.«

## »That's Business, Paul!«

Als die Beatles sich ihren Namen geben, ist das auch eine Verbeugung vor einer Band, die sie allesamt verehren: The Crickets, die sich 1957 gegründet hatten, sich aber schon nach der ersten Platte den Namen ihres genialen Sängers und Songschreibers voranstellten und fortan als Buddy Holly and The Crickets firmierten. Dass jemand Lieder schreibt und sie selbst singt, ist in der Populärmusik der Fünfzigerjahre eine kleine Sensation. Allein deshalb schauen insbesondere Paul und John zu Holly auf. Er zeigt ihnen, was möglich ist. Dabei kann der Wunderknabe aus Nashville sein Potenzial nie voll entfalten: Mit nur 22 Jahren kommt Buddy Holly bei einem Flugzeugabsturz ums Leben, hinterlässt jedoch einen Katalog großartiger Songs, die ihn bis heute unvergessen machen. Die Rechte an diesem Katalog ersteht 1976 Paul McCartney.

Brian Epstein hatte im Laufe seiner Managerkarriere einige fragwürdige Entscheidungen getroffen, die die Beatles eine riesige Menge an Geld kosteten. Das Schmerzhafteste für Paul und John ist jedoch der Verlust der Verwertungsrechte an ihren eigenen Songs, der sich durch Epsteins Nachlass ergibt und nach längeren Rechtsstreitigkeiten final besiegelt ist. Durch das anschließende Selbstmanagement der Band und die Gründung ihres eigenen Medienunternehmens Apple hat Paul sich in den Folgejahren immer mehr mit dem Business-Teil des Musikbusiness auseinandergesetzt, wo er sich vorher jahrelang ganz auf die Musik konzentriert hatte. Verwertungsrechte von Songs aufzukaufen, hält er für eine naheliegende und relativ sichere Methode, klug zu investieren.

Diesen Ratschlag gibt er auch seinem jungen Freund Michael Jackson. Die beiden kennen sich seit den Siebzigern. Michael hatte in Interviews öfter verlauten lassen, er sei großer Fan der Beatles. Als er Paul auf einer Hollywood-Party trifft, erzählt der ihm von einem Song, den er gerade geschrieben hat: »Girlfriend«. Die Nummer ist quasi für Jackson geschrieben, und die Aussicht darauf, ein McCartney-Original zu singen, ist ausgesprochen reizvoll für Michael, der sich nun ganz auf eine Solokarriere konzentrieren will. Zunächst jedoch landet »Girlfriend« auf dem Wings-Album *London Town* (1978), eine charmante, federleichte Komposition, die Paul in einem gezügelten Bee-Gees-Falsetto darbietet. Als Quincy Jones, der die Vorgeschichte nicht kennt, das Lied hört, sagt er instinktiv: Das wäre was für Michael. Und so landet dessen genial aufpolierte Version von »Girlfriend« auf seinem 1979er-Album *Off the Wall.*

Weihnachten 1980 klingelt das Telefon bei Paul. »Ein kleines Stimmchen« meldet sich und fragt ihn, ob er Lust habe, »ein paar Hits« zu schreiben. Es ist Michael und natürlich hat Paul Lust. 17 Jahre trennen die beiden, aber die kurze und fruchtbare Zusammenarbeit ist von Respekt und gegenseitiger Bewunderung getragen. Bei zwei gemeinsamen Sessions – im Herbst 1981 und im darauffolgenden Frühjahr – entstehen drei Songs. Zwei davon darf Paul auf seinem Album *Pipes of Peace* veröffentlichen: »The Man« und »Say Say Say«, Letzteres eine Art braver Post-Disco-Funk, dem ein Kritiker die schlechtesten

Lyrics des Jahres 1983 bescheinigt. »The Girl Is Mine« landet auf Michaels Album *Thriller*, womit sich Paul einen weiteren Rekord in die Tasche stecken kann: Er hat einen kreativen Beitrag zum bis heute bestverkauften Album aller Zeiten geleistet.

Michael Jackson nimmt sich den Geschäftstipp, den Paul ihm gegeben hat, zu Herzen. Er kauft verschiedene Songrechte, mehr nach Geschmack als nach geschäftlichem Kalkül. Schon im Tonstudio soll er Paul immer wieder gesagt haben: »Ich werde *deine* Songs kaufen.« Paul tut es immer wieder als Witz ab, er macht ja keinen Hehl daraus, dass er die Rechte am Beatles-Katalog endlich selbst wieder besitzen will. Daraus wird nichts: Am 10. August 1985 kauft Michael Jackson für 47,5 Millionen Dollar die Rechte an 251 Beatles-Songs und zahlreichen anderen Kompositionen. Offenbar hatte man Paul zuvor sogar angeboten, die Rechte selbst zu kaufen – für 20 Millionen Dollar, was er gemeinsam mit Johns Witwe Yoko Ono versuchen wollte. Mit dem Angebot von Michael konnten sie indes nicht mithalten.

Natürlich ist Paul von diesem Verhalten gekränkt, findet es zumindest »fragwürdig«, wie er später einmal sagt. Er unternimmt noch einige Versuche, über die Angelegenheit zu reden; nach all den Jahren würde er zumindest gerne bessere Tantiemen verhandeln. Aber Michael wiegelt jedes Mal ab: Das sei doch »Business«. Paul wird die ganze Geschichte noch häufig in Interviews erzählen, immer auf eine ähnliche Weise, eher schmunzelnd, ein bisschen liebevoll scheltend. Nie vergisst er zu erwähnen, was für ein begabter, sympathischer Mensch Michael gewesen sei. Zu einer weiteren Zusammenarbeit oder privaten Treffen kommt es nach dem Vorfall aber nicht mehr.

## Weite Prärie

Mitte der Neunziger arbeitet Paul – wie eigentlich immer – an einem neuen Album. Ein McCartney-Album soll es werden, allerdings ein Linda-McCartney-Album. Das Paar hat 1994 silberne Hochzeit gefeiert: 25 Jahre weitestgehend skandalfreie Ehejahre, drei gemeinsame Kinder, und die Liebe zwischen Paul und Linda ist immer noch stark und beflügelnd. Dabei ist es für Linda nahezu ein Ding der Unmöglichkeit gewesen, sich neben ihrem Mann als eigenständige Künstlerin zu behaupten. Sie ist Fotografin, so haben die beiden sich auch kennengelernt. Ihre Arbeiten genießen unter Kennern einen hervorragenden Ruf. Aber wenn man mit Sir Paul McCartney verheiratet ist, bleiben missgünstige Unterstellungen nicht aus: Diese Ausstellung, jenen Preis – das habe sie alles nur der Tatsache zu verdanken, dass sie mit einem Beatle verheiratet ist, heißt es immer wieder. Auch ihre musikalischen Beiträge zum Œuvre der Wings werden von Fans und Kritikern klein-, ja regelrecht weggeredet. Paul will dieses Bild geraderücken, also arbeitet das Paar nun an einem Compilation-Album mit alten und neuen Aufnahmen von Linda McCartney.

Das Projekt wird aber nahezu von Anfang an überschattet von der Brustkrebsdiagnose, die Linda 1995 erhält. Nicht nur sie hat fürchterliche Angst, sondern auch Paul, der 40 Jahre zuvor seine Mutter an Brustkrebs verloren hat. Nun muss er mitansehen, wie die Liebe seines Lebens hin- und hergeworfen wird zwischen hoffnungsvoll stimmenden Therapieerfolgen und herben Rückschlägen. Irgendwann wissen beide, dass Linda den Kampf nicht wird gewinnen können. Trotzdem gibt Linda nicht klein bei, und weil sie es schafft, sich jedem neuen Tag zu stellen, schafft es auch Paul. Noch im März 1998 nehmen sie eine gemeinsame Komposition auf – das Lied »The Light Comes From Within«. Wenige Tage später fliegen sie nach Arizona, wo sie eine Ranch haben.

In einem Interview mit der Pretenders-Sängerin Chrissie Hynde erzählt Paul im November 1998 von einem letzten Ausritt. Linda habe es geliebt, durch die Wüste Arizonas zu reiten, er selbst habe immer Angst vor Klapperschlangen gehabt. Klapperschlangen bekomme man nie zu Gesicht, habe sie ihn dann getröstet, »und falls doch, greifen sie nie an«. Bei diesem letzten Ausritt Mitte April 1998 schafft es Linda ohne Hilfe nicht mehr aufs Pferd. »Nicht mehr reiten zu können, weil wir zu alt sind«, das sei immer ihre Horrorvision gewesen, sagt Paul. Und erzählt dann, wie sie bei diesem Ausritt zum ersten Mal eine Klapperschlange gesehen haben, »die quer auf dem Weg lag«. Dann fügt er hinzu: »Es war ein Zeichen.«

Tags darauf fällt Linda ins Koma. Paul sitzt bei ihr, hält ihre Hand. Er redet leise auf sie ein, damit sie weiß, dass er da ist: »Du sitzt auf deinem Pferd, es ist ein herrlicher Frühlingstag …« Am frühen Morgen des 17. April 1998 stirbt Linda McCartney im Alter von 56 auf ihrer Ranch in Tucson, Arizona.

Paul stürzt sich danach in die Arbeit, wo er in emotionalen Ausnahmesituationen immer schon Zuflucht gesucht hat. Er schließt die fast fertigen Arbeiten an Lindas Compilation-Album ab, das noch im Oktober desselben Jahres unter dem Titel *Wide Prairie* erscheint. Schon einen Monat zuvor erscheint *Rushes*, ein experimentelles Ambient-Album, das Paul gemeinsam mit dem Produzenten Youth unter dem Namen *The Firemen* veröffentlicht. Im darauffolgenden Jahr veröffentlicht McCartney innerhalb kurzer Zeit das Album *Run Devil Run*, auf dem er Rock-'n'-Roll-Songs der Fünfzigerjahre covert, sowie mit *Working Classical* sein drittes Album mit klassischer Musik.

## Erfolgreicher als die Beatles

Als Paul nach der Veröffentlichung seines Albums *New* (2013) an neuem Material arbeitet, bietet ihm jemand unerwartet aber »sehr freundlich« an, sein nächstes Album zu produzieren. Es ist die Hip-Hop-Ikone Kanye West. Paul denkt tatsächlich darüber nach, entscheidet sich aber letztlich dagegen. *Egypt Station* erscheint schließlich 2018 und beweist einmal mehr, dass Paul sich immer noch ausprobieren und beweisen will. (In einer Besprechung des *Rolling Stone* fordert der Rezensent auf, eine Liste mit allen Songwritern anzufertigen, die 1958 großartige Songs geschrieben hätten. Dann möge man auf eine zweite Liste all diejenigen übertragen, die auch 2018 noch großartige Songs schreiben. Diese Liste würde dann lauten wie folgt: »Paul McCartney«. *Egypt Station* ist zudem nach *Twin Freaks* das zweite McCartney-Album, für dessen Cover-Artwork er eines seiner eigenen Gemälde nutzt.)

Kennengelernt haben Paul und Kanye sich 2008 bei einer Award-Show in Liverpool. Paul hat gerade die Scheidung von seiner zweiten Ehefrau Heather Mills hinter sich, auch Kanye laboriert an gebrochenem Herzen – darüber findet man ins Gespräch und ist sich sympathisch. (An diesem Abend begegnet Paul auch Amy Winehouse, sagt kurz Hallo. Zehn Jahre später spricht er in einem Interview darüber, dass er damals von ihren Problemen wusste und gerne irgendetwas gesagt hätte, »das [ihre] Verzweiflung durchbrochen hätte«, um sie daran zu erinnern, was für ein Talent sie hat.)

2014 lässt Kanye bei Paul anfragen, ob er für eine Songwriting-Session zur Verfügung stünde, was dieser gerne bejaht. An zwei oder drei Nachmittagen setzt man sich zusammen, allerdings ohne wirklich an etwas zu arbeiten. Die beiden unterhalten sich viel, ab und an klimpert Paul ein paar Akkorde am Klavier oder improvisiert etwas an der Gitarre, aber ein Song kommt dabei nicht annähernd heraus. Monate vergehen, ohne dass Paul etwas von Kanye hört – und er selbst beschließt, dass es besser ist, gar nicht erst nachzuhaken. Aber irgendwann erhält er überraschend doch noch drei Songs. Einer davon heißt »Four, Five Seconds«. Paul hört ihn einige Male an, kann aber partout nicht sagen, an welcher Stelle sein Beitrag zu finden sein soll. Er ruft bei Kanye durch, lässt sich aufklären: Der Gitarrenlauf ist etwas, das ihm während der Session spontan eingefallen war. Nichts, woran er überhaupt noch gedacht hätte. Kanye hat ihn in erhöhter Geschwindigkeit ablaufen lassen und dadurch auch die Tonart höhergelegt. Auch die cartoonartig hochgepitchte Stimme im Hintergrund entpuppt sich als seine eigene.

Paul mag den fertigen Song sehr, vor allem von dem zweiten Gaststar Rihanna ist er angetan. Er ist stolz darauf, dass auch diese junge Generation von Musikern ihn für relevant hält, obwohl sie so vollkommen anders an Musik herangeht, als er das gewohnt ist. Kanye wiederum wird in den sozialen Medien von einigen Fans dafür gefeiert, dass er diesem etwas sonderlichen alten Typen mal eben so zum Durchbruch verholfen hat. »Wer zur Hölle ist Paul McCartney???!!??!«, schreibt jemand bei Twitter. Und weiter: »Dafür liebe ich Kanye, dass er unbekannte Künstler ins Rampenlicht holt.«

Tatsächlich wird »Four, Five Seconds« für Paul der größte Single-Hit seit »Say, Say, Say«, seinem Duett mit Michael Jackson aus dem Jahr 1983. Bei Spotify kommt die Nummer – Stand März 2022 – auf mehr als 866 Millionen Streams und ist damit der mit Abstand am häufigsten gespielte Song, den man unter dem Namen Paul McCartney findet. Auf Platz 2 folgt mit »gerade mal« 322 Millionen Zugriffen »Wonderful Christmastime«, und selbst der meistgestreamte Beatles-Song – die George-Harrison-Komposition» Here Comes The Sun« mit rund 790 Millionen Streams – muss sich »Four, Five Seconds« geschlagen geben.

# Im Rockdown

Im Frühjahr 2020 wird die Welt von der Corona-Pandemie überrascht – und mit ihr natürlich auch Paul McCartney. Der hat erst ein halbes Jahr zuvor eine zehnmonatige Welttournee beendet und 2019 außerdem gleich zwei Bücher veröffentlicht: *Less Meat, Less Heat* ist eine kurze Abhandlung über die fatalen Zusammenhänge zwischen Fleischkonsum und Klimawandel; *Hey, Grandude!* ist ein Kinderbuch, das von einem magisch begabten Großvater handelt, der gemeinsam mit seinen Enkelkindern Abenteuer erlebt. Der Titel nimmt Bezug auf »Hey Jude«, ein Lied, mit dem McCartney sich bekanntlich auch an ein Kind richtete – den damals fünfjährigen Julian Lennon. Ins Deutsche übertragen, wurde das Buch von der ebenfalls sehr textbegabten Musikerin Judith Holofernes, bei der aus dem Grandude ein Opapi-Opapa wird. Eine gelungene Hommage an eine weitere kindgerechte McCartney-Komposition. Während »Hey Jude« in zahlreichen *The-Best-Songs-of-All-Times*-Listen unter den oberen Zehn zu finden ist, wurde »Ob-La-Di, Ob-La-Da« indes im Rahmen einer Hörerumfrage des BBC zum schlechtesten Song der Musikgeschichte gewählt. Paul hatte sich die Phrase bei dem nigerianischen

Conga-Spieler Jimmy Scott »geborgt«. Übersetzen lässt sie sich mit »Es kommt, wie es kommt« und zumindest kommt keine »Beatles for Kids«-Compilation ohne dieses Lied aus.

Nun also wird auch Paul von der Pandemie ausgebremst, anstehende Konzerte müssen abgesagt werden. Den ersten langen Lockdown – »Rockdown«, wie er es nennt – verbringt er zusammen mit seiner Tochter Mary und ihren vier Söhnen auf seiner Farm. Mit 77 Jahren braucht er sich um die Umsetzbarkeit eines *Homeoffice* wirklich keine Gedanken mehr zu machen, aber natürlich nutzt er die Zeit, um im Alleingang an neuen Liedern zu arbeiten, die er der Familie abends auf dem Handy vorspielt. So entsteht ein ganzes neues Album, das im Dezember unter dem Titel *McCartney III* erscheint. Er schreibt alle Songs selbst, produziert selbst und spielt nahezu sämtliche Instrumente selbst ein. Die Kritik lobt das Album überschwänglich, »eigenartig, wundervoll und wunderlich« sei es. Wenige Monate später folgt bereits ein Remix-Album, auf dem sich Künstler wie Beck, St. Vincent, und Damon Albarn mit gelungenen Neuinterpretationen der Songs von *McCartney III* vor dem Altmeister verneigen. Der hat das Projekt natürlich höchstpersönlich kuratiert. Dass er auch die Psychedelic-Soul-Funk-Kombo Khruangbin und das Multitalent Dev Hynes (Blood Orange) zu Kollaborationen einlädt, beweist, wie aufmerksam er mit fast 80 Jahren noch den musikalischen Zeitgeist verfolgt.

Mit *McCartney III* schließt Paul zudem eine Trilogie ab, die ein halbes Jahrhundert zuvor mit seinem ersten Soloalbum *McCartney* begann, das er ebenfalls allein zu Hause aufgenommen hatte, als die Beatles in den letzten Zügen lagen. *McCartney II* erschien dann zehn Jahre später, 1980, als wiederum die Wings im Begriff waren, sich allmählich aufzulösen. Auch dieses Album hatte er im Alleingang eingespielt – mit besonderem Fokus auf Synthesizer, die er damals für sich entdeckte.

Die Verwaltung seines musikalischen Erbes übernimmt Paul McCartney nach wie vor höchstpersönlich. Für den Streaming-Anbieter Disney+ setzt er sich 2021 mit der Produzenten-Legende Rick Rubin in ein Tonstudio. In sechs Episoden analysiert und erläutert er da die Aufnahmeprozesse zahlreicher Beatles-Klassiker, während Rubin – dem unter anderem die Brillanz des Spätwerks von Johnny Cash zu verdanken ist – die meiste Zeit in ungläubiger Bewunderung an

McCartneys Lippen hängt. Ein halbes Jahr später folgt, ebenfalls bei Disney+, ein achtstündiger Dokumentarfilm in drei Teilen: *Get Back* zeigt die Aufnahmesessions zum *Let it Be*-Album und das legendäre Rooftop-Konzert der Beatles in voller Länge. Regie führte Peter Jackson, zu dessen bekannteren Werken die *Herr der Ringe*-Trilogie zählt. McCartney ist neben Ringo Starr und Yoko Ono als Produzent beteiligt.

Was als Nächstes kommt, bleibt abzuwarten – aber es macht keinesfalls den Eindruck, als denke Paul McCartney darüber nach, sich in seinem neunten Lebensjahrzehnt zur Ruhe zu setzen. Das Rentner-Idyll, dass er sich in süffisanten Tönen ausmalte, als er mit gerade mal 14 Jahren die erste Fassung von »When I'm Sixty-Four« schrieb, scheint ihn jedenfalls auch heute nicht im Mindesten zu locken.

# Quellen


## »Mother Mary comes to me«

Norman, Philip: *Paul McCartney*, aus dem Englischen von Conny Lösch; Piper Verlag GmbH 2017, München.

https://mccartney.com/?page_id=419; zuletzt abgerufen am 01.04.2022

https://www.wikitree.com/wiki/McCartney-438; zuletzt abgerufen am 01.04.2022

https://www.wikitree.com/wiki/Mohin-2; zuletzt abgerufen am 01.04.2022

## »Waited for the bliss, like dreamers do«

Norman, Philip: *Paul McCartney*, aus dem Englischen von Conny Lösch; Piper Verlag GmbH 2017, München.

https://en.wikipedia.org/wiki/Personal_relationships_of_Paul_McCartney#Jim_and_Mary_McCartney; zuletzt abgerufen am 01.04.2022

https://www.gq.com/story/the-untold-stories-of-paul-mccartney; zuletzt abgerufen am 01.04.2022

## »I lost my little girl«

Norman, Philip: *Paul McCartney*, aus dem Englischen von Conny Lösch; Piper Verlag GmbH 2017, München.

https://www.wikitree.com/wiki/Mohin-2; zuletzt abgerufen am 01.04.2022

## Der Berg kommt zum Propheten

Norman, Philip: *Paul McCartney*, aus dem Englischen von Conny Lösch; Piper Verlag GmbH 2017, München.

https://www.insider.com/paul-mccartney-lost-my-little-girl-deeper-meaning-lyrics-2021-11; zuletzt abgerufen am 01.04.2022

## »The Ballad of John and Paul«

Norman, Philip: *Paul McCartney*, aus dem Englischen von Conny Lösch; Piper Verlag GmbH 2017, München.

https://en.wikipedia.org/wiki/Teddy_Boy; zuletzt abgerufen am 01.04.2022

https://en.wikipedia.org/wiki/Eleanor_Rigby; zuletzt abgerufen am 01.04.2022

https://www.vice.com/en/article/vbnmx4/the-beatles-have-been-talking-about-jerking-off-together-since-the-60s; zuletzt abgerufen am 01.04.2022

## Preludin und Piedel

Norman, Philip: *Paul McCartney*, aus dem Englischen von Conny Lösch; Piper Verlag GmbH 2017, München.

https://www.hamburg.de/kultur/1525822/beatles-in-hamburg-geschichte/; zuletzt abgerufen am 01.04.2022

https://de.wikipedia.org/wiki/Gerry_and_the_Pacemakers; zuletzt abgerufen am 01.04.2022

https://www.udiscover-music.de/popkultur/5-wahrheiten-uber-paul-mccartney; zuletzt abgerufen am 01.04.2022

https://www.beatlesbible.com/features/drugs/; zuletzt abgerufen am 01.04.2022

## »Hello, Goodbye«

Norman, Philip: Paul McCartney, aus dem Englischen von Conny Lösch; Piper Verlag GmbH 2017, München.

https://sentstarr.tripod.com/beatgirls/rhone.html; zuletzt abgerufen am 06.04.2022 https://beatles.fandom.com/wiki/Dot_Rhone; zuletzt abgerufen am 06.04.2022

## »Oh, my baby, how I love your legs«

Norman, Philip: *Paul McCartney*, aus dem Englischen von Conny Lösch; Piper Verlag GmbH 2017, München.

McCartney, Paul (Autor) und Muldoon, Paul (Hrsg.): *Lyrics: 1956 bis heute*, deutsche Ausgabe, Verlag C. H. Beck oHG, München, 2. Auflage 2021.

http://www.todayifoundout.com/index.php/2013/12/paul-mccartneys-first-girlfriend/; zuletzt abgerufen am 01.04.2022

https://www.mirror.co.uk/lifestyle/going-out/music/the-beatles-teenager-who-inspired-paul-1362890; zuletzt abgerufen am 01.04.2022

https://sentstarr.tripod.com/beatgirls/caldwell.html; zuletzt abgerufen am 01.04.2022

## Im Auftrag Ihrer Majestät Queen Babe

Norman, Philip: *Paul McCartney*, aus dem Englischen von Conny Lösch; Piper Verlag GmbH 2017, München.

https://beatlesinlondon.com/wimpole/; zuletzt abgerufen am 01.04.2022

https://www.udiscover-music.de/popkultur/beatles-orden-von-der-queen; zuletzt abgerufen am 01.04.2022

https://www.n-tv.de/leute/Paul-McCartney-schwaermte-fuer-die-Queen-article23105024.html; zuletzt abgerufen am 01.04.2022

https://www.rollingstone.de/ranking-beste-james-bond-songs-893889/; zuletzt abgerufen am 01.04.2022

## Größer als Elvis

Norman, Philip: *Paul McCartney*, aus dem Englischen von Conny Lösch; Piper Verlag GmbH 2017, München.

https://www.beatlesbible.com/1964/02/09/the-beatles-first-ed-sullivan-show/; zuletzt abgerufen am 01.04.2022

https://de.wikipedia.org/wiki/The_Beatles/Konzerte_und_Tourneen; zuletzt abgerufen am 01.04.2022

https://en.wikipedia.org/wiki/The_Beatles_on_The_Ed_Sullivan_Show; zuletzt abgerufen am 01.04.2022

https://en.wikipedia.org/wiki/Beatlemania; zuletzt abgerufen am 01.04.2022

## Kräuterzigaretten in der Echokammer

Norman, Philip: *Paul McCartney*, aus dem Englischen von Conny Lösch; Piper Verlag GmbH 2017, München.

https://www.insider.com/paul-mccartney-bob-dylan-weed-the-beatles-2021-10; zuletzt abgerufen am 01.04.2022

https://www.rollingstone.de/bob-dylan-beatles-paul-mccartney-marihuana-2171785/; zuletzt abgerufen am 01.04.2022

https://en.wikipedia.org/wiki/Got_to_Get_You_into_My_Life; zuletzt abgerufen am 01.04.2022

https://www.gq.com/story/the-untold-stories-of-paul-mccartney; zuletzt abgerufen am 01.04.2022

https://www.rollingstone.de/marihuana-deluxe-paul-mccartney-wandert-in-den-knast-356497/; zuletzt abgerufen am 01.04.2022

## »Lucy in the Sky with Diamonds«

Norman, Philip: *Paul McCartney*, aus dem Englischen von Conny Lösch; Piper Verlag GmbH 2017, München.

McCartney, Paul (Autor) und Muldoon, Paul (Hrsg.): *Lyrics: 1956 bis heute*, deutsche Ausgabe, Verlag C. H. Beck oHG, München, 2. Auflage 2021.

https://www.beatlesbible.com/features/drugs/; zuletzt abgerufen am 01.04.2022 https://en.wikipedia.org/wiki/Tara_Browne; zuletzt abgerufen am 01.04.2022

https://en.wikipedia.org/wiki/A_Day_in_the_Life; zuletzt abgerufen am 01.04.2022

http://www.beatlesinterviews.org/db1967.0619.beatles.html; zuletzt abgerufen am 01.04.2022

http://www.beatlesebooks.com/a-day-in-the-life; zuletzt abgerufen am 01.04.2022

## Die ersten Stadion-Rocker der Geschichte

Norman, Philip: *Paul McCartney*, aus dem Englischen von Conny Lösch; Piper Verlag GmbH 2017, München.

https://www.bbc.com/news/uk-england-merseyside-48927802; zuletzt abgerufen am 01.04.2022

https://www.udiscover-music.de/popkultur/beatles-shea-stadium-konzert; zuletzt abgerufen am 01.04.2022

https://ultimateclassicrock.com/beatles-shea-stadium/; zuletzt abgerufen am 01.04.2022

https://faroutmagazine.co.uk/why-did-the-beatles-stop-touring-beatlemania/; zuletzt abgerufen am 01.04.2022

## Audienz beim King

Norman, Philip: *Paul McCartney*, aus dem Englischen von Conny Lösch; Piper Verlag GmbH 2017, München.

https://www.udiscover-music.de/popkultur/beatles-elvis-treffen-1965; zuletzt abgerufen am 01.04.2022

https://www.beatlesbible.com/1965/08/27/the-beatles-meet-elvis-presley/; zuletzt abgerufen am 01.04.2022

https://www.udiscover-music.de/popkultur/elvis-trifft-richard-nixon-und-verpfeift-die-beatles; zuletzt abgerufen am 01.04.2022

## Tragischer Sommer der Liebe

Norman, Philip: *Paul McCartney*, aus dem Englischen von Conny Lösch; Piper Verlag GmbH 2017, München.

https://en.wikipedia.org/wiki/Sgt._Pepper%27s_Lonely_Hearts_Club_Band; zuletzt abgerufen am 01.04.2022

https://www.udiscover-music.de/popkultur/brian-epstein-mysterioser-tod; zuletzt abgerufen am 01.04.2022

https://faroutmagazine.co.uk/why-did-the-beatles-stop-touring-beatlemania/; zuletzt abgerufen am 01.04.2022

## Spirituelles, Jenseitiges und Endgültiges

Norman, Philip: *Paul McCartney*, aus dem Englischen von Conny Lösch; Piper Verlag GmbH 2017, München.

https://www.the-paulmccartney-project.com/1968/02/the-beatles-in-india/; zuletzt abgerufen am 01.04.2022

https://www.rollingstone.com/feature/the-beatles-in-india-16-things-you-didnt-know-203601/; zuletzt abgerufen am 01.04.2022

https://en.wikipedia.org/wiki/Abbey_Road; zuletzt abgerufen am 01.04.2022

https://en.wikipedia.org/wiki/Paul_is_dead; zuletzt abgerufen am 01.04.2022

https://www.rollingstone.com/music/music-features/paul-mccartney-is-dead-conspiracy-897189/; zuletzt abgerufen am 01.04.2022

## *Band on the run*

Norman, Philip: *Paul McCartney*, aus dem Englischen von Conny Lösch; Piper Verlag GmbH 2017, München.

https://en.wikipedia.org/wiki/Break-up_of_the_Beatles; zuletzt abgerufen am 01.04.2022 http://www.beatlesinterviews.org/dbpm.int1.html; zuletzt abgerufen am 01.04.2022

https://de.wikipedia.org/wiki/Wings; zuletzt abgerufen am 01.04.2022

https://de.wikipedia.org/wiki/Wild_Life; zuletzt abgerufen am 01.04.2022

https://en.wikipedia.org/wiki/Red_Rose_Speedway; zuletzt abgerufen am 01.04.2022

https://en.wikipedia.org/wiki/Band_on_the_Run; zuletzt abgerufen am 01.04.2022

https://en.wikipedia.org/wiki/List_of_Billboard_200_number-one_albums_of_1974; zuletzt abgerufen am 01.04.2022

https://en.wikipedia.org/wiki/Mull_of_Kintyre_(song); zuletzt abgerufen am 01.04.2022

## »Ich bin's bloß«

Norman, Philip: *Paul McCartney*, aus dem Englischen von Conny Lösch; Piper Verlag GmbH 2017, München.

http://www.beatlesinterviews.org/dbpm.int1.html; zuletzt abgerufen am 01.04.2022

https://www.youtube.com/watch?v=hIZjx8Q2kh4; zuletzt abgerufen am 01.04.2022

https://www.nme.com/news/music/paul-mccartney-still-struggles-john-lennon-death-2842843; zuletzt abgerufen am 01.04.2022

## »That's Business, Paul!«

Norman, Philip: *Paul McCartney*, aus dem Englischen von Conny Lösch; Piper Verlag GmbH 2017, München.

https://www.udiscover-music.de/popkultur/67036; zuletzt abgerufen am 01.04.2022 https://en.wikipedia.org/wiki/Say_Say_Say; zuletzt abgerufen am 01.04.2022

https://www.youtube.com/watch?v=3jdB7Apk-R4&t=199s; zuletzt abgerufen am 01.04.2022

## Weite Prärie

https://de.wikipedia.org/wiki/Wide_Prairie; zuletzt abgerufen am 01.04.2022

https://de.wikipedia.org/wiki/Linda_McCartney; zuletzt abgerufen am 01.04.2022

https://www.spiegel.de/kultur/eine-wunderbare-verrueckte-a-1f89ef0e-0002-0001-0000-000007075543; zuletzt abgerufen am 01.04.2022

## Erfolgreicher als die Beatles

https://www.huffpost.com/entry/that-time-kanye-west-disc_b_6474356; zuletzt abgerufen am 01.04.2022

https://www.gq.com/story/the-untold-stories-of-paul-mccartney; zuletzt abgerufen am 01.04.2022

## Im Rockdown

https://www.udiscover-music.de/popkultur/5-wahrheiten-uber-the-white-album-von-den-beatles; zuletzt abgerufen am 01.04.2022

https://www.udiscover-music.de/popkultur/paul-mccartney-interview-mccartney-ii; zuletzt abgerufen am 01.04.2022

https://en.wikipedia.org/wiki/McCartney_III; zuletzt abgerufen am 01.04.2022